沙希達・阿拉比——著
安潔雅・施奈德——審訂
辛亞蓓——譯

你的善良不該被壓榨

掏心掏肺，只會換來他們的狼心狗肺

高敏人必備人際清理術

THE HIGHLY SENSITIVE PERSON'S GUIDE TO DEALING WITH TOXIC PEOPLE

BY SHAHIDA ARABI

各界推薦

在閱讀這本書時，我心中浮起了很多人。

甚至在想，如果這本書早點出現，是不是有些朋友可以少受一點傷。

雖然我很早就明白自己是高敏感族，也了解這是一種感受力很深、容易想太多的特質，但也因此能夠活在充滿豐富色彩的世界裡。

然而，帶著這個特質在世間行走，難免會碰到橫衝直撞的人——其中有些人不是惡意，只是魯莽，但有些確實是基於惡意，就像這本書所說的有毒關係。

這本書，就是解藥。

——**柚子甜**（心靈作家）

高敏人總是心思細膩，面對身邊的人的一舉一動都會深深地刻在心裡，於是他們在各種感官衝擊之下，面對批評與負面情緒的反應將會更加激烈。所以高敏人需要具備保護自己的能力，辨認關係中傷害自己的元素，斷開那些引發你過度愧疚感的人，才能不令自己深陷其中，痛苦地消耗彼此。

推薦所有覺得深受敏感與關係困擾的你，讓這本書帶你走出痛苦糾纏，發揮高敏特長，打造更好的自己。

——**蕭婷文**（諮商心理師）

目錄

前言——

高敏感人與惡毒者相處的旅程

我撰寫的文章〈自戀狂、反社會人格者讓你不敢發聲的二十種常見手段〉在二〇一六年爆紅，觸及全球超過一千八百萬人。許多分享這篇文章的受害者和心理健康專家，都對內容有強烈的認同感。很多人震驚地讀到自己遭受過的操控手段後，留言表示我一定認識他們以前的自戀型人格配偶、兄弟姊妹、父母或同事。我收到的許多信件也反應我捕捉到了大家多年來一直在試圖驗證和理解的東西。

高敏感人具有同理心、責任心和情感上的回應能力，很容易遇到各種惡毒者，因為善於操控的人很喜歡利用他們。許多聯繫我的人都遇過毒型人格光譜中的極端分子，這些受害者都有以下遭遇：

- 在人際關係、友誼、工作場所中，甚或在家庭中遇到惡毒者和自戀狂。
- 遭到惡毒者以殘忍又冷漠的方式過度理想化、貶低和阻礙，最終被遺棄。
- 忍受了幾個月、幾年、甚至幾十年的言語霸凌或精神虐待，有時候是身體虐待或性虐待，目的是在心理上折磨和摧殘他們。
- 私下遭到伴侶孤立、強迫、輕視和控制。
- 忍受跟蹤、騷擾、病態型嫉妒、發怒攻擊、長期不忠和病態型說謊。
- 淪為精心策劃的陰謀和騙局的受害者，遭受打壓並耗盡資源。

身為「心理自助書」作家，我與幾千名遇過惡毒者的倖存者通信過。我了解到惡毒者和自戀狂很容易說服具有同理心和良心的人，使他們以為自己多疑、失去理智，或者只是「反應過度」（實際上是惡毒者正在操縱他們）。因此，這些人變成箭靶，漸漸習慣懷疑是自己有問題。

正在讀這本書的你或許很能理解被惡毒者壓制的感受。無論是不斷批評你的霸道同事，或每天貶低你的暴力伴侶，惡毒者對你的心智、身體和精神都會產生不良影響。較為「溫和」的操弄者可能會造成你的諸多不便、壓力、煩惱和不滿，偶爾也會採用各種迫使你緘默的手段。不過，較為「邪惡」的操弄者則會對你的健康、幸福甚或生命構成嚴重的傷害和危險，例如缺乏同理心的自戀狂，他們通常把操縱手段當作與世界互動的主要模式。有惡意的操弄者經常表現出不太可能改變的慣性行為，而溫和型操弄者比較有可能改變或者與之劃清界限。儘管操弄者的有毒程度不盡相同，但高敏感人還是要學會應對所有程度的惡毒者，畢竟這是重要的生活技能。

寫信給我的倖存者都是很敏感且具有同理心的人，經常有人說他們「想太多」、「太敏感」。如果你認為自己可能是高敏感人，那麼這本書能幫助你學習運用敏感的特質，並開始留意你對騙子的直覺，而不是不斷違背自己的心聲。

由於這類操縱和虐待的形式很隱密，你可能在學會辨認出自身經歷之前，多年來一直默默受苦。這就是「煤氣燈效應」的常見副作用——在有毒關係中，你的認知和實際情況會不斷遭到對方質疑和否定。即便有越來越多的證據表明你才是對的，對方會反覆告訴你，是你在幻想、太過敏感和誇大事實。有位倖存者安妮向我透露了她與自戀型伴侶之間難以忍受的對話：「我們爭吵的時候，我會用事實支持自己的觀點，但他會重新詮釋事實，利用曲解的事實為自己辯護，讓我陷入混亂，逼得我反問自己，當初怎麼會覺得為自己發聲是一件好事？」

這種令人迷惘的行為會導致煤氣燈效應的受害者如臨深淵，並懷疑自己。另一位倖存者克里斯經歷過自戀型女友的性要脅，也承受過精神虐待。他的戀情充斥著煤氣燈效應和心理戰術，這些伎倆在隱性虐待的案例中非常普遍。他說：「這段感情使我質疑自己的直覺和理智。她利用矛盾的敘述讓我感到困惑，並否定我提出的有佐證的看法。她試著強迫我進行不舒服的性行為，只要我不服從，她就會羞辱我。」

當真正的施虐者企圖把自己塑造成受害者時，煤氣燈效應會變得很極端，這一點經常在虐待案件中發生。一旦惡毒者無法控制你，通常會採取控制言論的做法，比方說誹謗或詆毀你。倖存者莫莉與我分享了一段悲慘的故事，她的自戀型伴侶利用自殺來陷害她，並散播她精神不正常的謊言。她告訴我：「他拿槍指向自己的頭說要自殺，並表示這樣就能讓現場看起來像謀殺案。如此一來，只要我沒有在他自殺之後跟著開槍自盡，我就會被認為是凶手。他一邊告訴家人和好朋友，我們是真愛，一邊又暗地裡跟他們說我精神不正常、有自殺傾向，而他正盡力幫助我好轉。我根本沒有想過要自殺！他的手段讓我的知己好友和家人都不相信我了。他也斷絕我與外界的聯繫，每天只給我吃一餐，而且我當時需要照顧新生兒。」

這些人的冷酷程度不容小覷，尤其是他們無法對別人感同身受，自戀狂也是如此。上述的案例都不是正常的人際關係問題，也不是「溝通」方面的問題，就只是令人髮指的虐待模式和精心設計的心理戰術。我聽說過無數自戀狂報復受害者的故事，尤其是當受害者決定離開他們的時候。報復行為包括跟蹤、騷擾、散布私密照片，或者到受害者的工作場所抹黑他們。舉個例子，有不少受害者告訴我，這些有毒伴侶會在雇主面前把他們描繪成癮君子。

此外，我私下得知許多惡毒者在親人陷入困境、悲傷、懷孕、流產，甚或罹患危及生命的疾病時，便果斷拋棄他們的可怕事件。倖存者崔西描述道：「醫生從我身上化驗到某個部位的組織病變了，是一種有侵襲性、難以預測的癌症，即使動手術移除了，未來也很可能復發或擴散到其他的組織或器官。我在餐廳告訴他這件事，他說：『我們整個晚上都要聊癌症的事情嗎？』做完手術的隔天早上，我問他能不能幫我倒杯咖啡，他反問我：『你自己不會去倒喔？』」

對於有同理心的正常人而言，這種冷酷態度很嚇人而且難以置信，但自戀狂認為這是很普通的生活方式。毒性程度越高，他們就越可能殘酷成性和惡意傷人。倖存者寶琳說：「他告訴我：『如果我沒有每年在你生日的時候把你弄哭，就代表我不夠盡責。』他說的可不是喜極而泣。朋友的婚宴結束後，我發現他竟然在飯店跟伴娘同床共枕——那還是我們的飯店房間！我開門後，看到他們躺在一起，然後他問我：『你想不想搞3P？可以當躺在中間那個，還是要我躺在中間也行。』」

有些人則是在家庭中遇到惡毒者，或者由惡毒者撫養長大。倖存者達米亞娜描述了自戀型母親在她生病時，如何遺棄她：「媽媽整天都待在外面，是爸爸發現我暈倒，躺在自己的嘔吐物上。我差點因為腹膜炎而喪命，在急診室接受手術之後，我住院一個星期。媽媽只來探望我兩、三次，而且沒有為丟下我一人而道歉。第二次是在我十二歲的時候。我長了水痘，很不舒服，但是媽媽不讓我在家裡休息。就在我生病的第一天，她走進我的臥室，對我大吼大叫：『你給我滾出這棟房子！我不想再看到你！』我只好每天在街上遊蕩，皮膚布滿了發癢的痂皮，我覺得丟臉又尷尬。」

有害的教養方式會對受害者造成終生的影響。阿曼達從小在有暴力傾向的自戀型父親身邊成長。她告訴我，自己成年後還是無法擺脫惡毒父親的影響，並且經常為自己是否做出正確的決定而感到恐慌，需要依賴別人確認她的看法和行動。她說：「我常常懷疑自己對情況的評估，也對自己的反應沒把握。我好像沒辦法相信自己對周遭環境的理解能力。」最後，她為父親的行為找了藉口，才開始了解自己的創傷並復原。「我老是覺得自己的內在有問題，但其實從頭到尾都是他的問題。」她總結道。

這種反覆揣測的行為，在自戀型父母養大的成年子女中，以及遭受過自戀狂虐待的倖存者中很普遍。根據我向七百三十三名由自戀型父母養大的受訪對象所做的調查顯示，長期遭受煤氣燈效應不只會讓當事人持續灌輸自我懷疑的意識，也使他們在成年後形成不穩定的自我價值感。他們會覺得自己「有缺陷」，承受著羞愧感、自責、自我傷害、成癮、自殺念頭的痛苦，甚至在成年後繼續與自戀型人格者來往。

友誼中也可能發生來自自戀者的虐待。自戀型朋友通常會鎖定他們認為最有威脅性的人，或引起他們嫉妒的人。我聽說過的很多案例都是自戀型朋友先討好和吸引高敏感人，贏得信任後，便開始摧殘他們的身心、破壞他們的聲譽。有一位倖存者講述了好朋友突然背叛的故事，這位朋友剛開始表現得很友善，後來卻瘋狂地公開追求她的男友。她說：「她認為能破壞我的戀情是一件值得驕傲的事，同時表現出凌駕在我之上的態度。她故意公開這場鬧劇，還在我們共同的社交圈羞辱我。」這種背叛的影響，加上精心策劃的詆毀，讓當事人覺得難以忍受，還讓她罹患高血壓、食慾不振和憂鬱症。「我很早就領悟到，人可以變得多麼殘忍。」她告訴我。

受到這些惡毒者誘騙的高敏感人很容易責怪自己，畢竟，社會教導他們要忽視自己的直覺，並將高敏感度視為問題，而非潛在的技能。因此，公然對抗這些操弄者以及為自己發聲，對他們來說有如被判死刑一般難受——尤其是遇到戴著精心設計的虛假面具的操弄者。倖存者瑞貝卡告訴我，她的前夫是表裡不一的公眾人物。她說：「我在很多方面都受到影響。我不了解自己，也無法為自己做出選擇。我覺得很無助又絕望，也討厭自己，曾經真心認為是我瘋了。」

我聽說過太多倖存者的故事，都是關於這些自戀狂如何想方設法說服社會相信他們沒有任何虐待行為，受害者因此進一步遭到司法體系、執法機關、家人和朋友的否定。有時，甚至連心理師都沒有發現個案並不是遇到普通的感情問題，而是一種擾亂倖存者的生活和心理健康的操控關係。精神虐待摧毀了受害者的自尊和自我價值感，並留下難以抹滅的負面影響。

這種虐待行為使受害者更難受的是，他們的痛苦經驗無法引起別人的共鳴。有時，他們會求助於心理師，想找到應對虐待關係的方法，結果心理師卻誤診，或鼓勵他們適應施虐者的行為，而不是建議他們離開這段關係。受害者還可能進一步受到心理操控，誤信施虐者富有同理心並且有能力改變言行。除此之外，有些自戀型伴侶在做伴侶諮商的時候，甚至能成功欺騙心理師，反過來扮演受害者，在諮商空間裡大玩心理戰。

由此可知，並不是所有的心理師或學者都徹底了解這些惡毒者暗中操控和虐待的手法。原因在於真正的自戀狂和反社會人格者不會主動接受治療，除非法院命令他們這樣做。更何況，許多惡毒者都戴著很有說服力的虛假面具，他們往往沒有病識感並自認高人一等，沉醉於剝削行為所帶來的快感。這種失序行為的本性，經常在私下蠢蠢欲動。所以，要想從創傷中痊癒，你需要來自其他倖存者和真正理解這類創傷的心理師的認同。

如同許多倖存者（或你），我也很了解惡毒者的作風以及高敏感人生活在這個世界上的感受。我在成長的過程中，遭受到同儕嚴重的霸凌，也目睹過可怕的精神虐待，這些都是促成我踏上自我照顧之路的動力。

我的高敏感度和同理心，使我淪為各種惡毒者攻擊的弱勢對象。童年經歷使我習慣與缺乏同理心的自戀狂建立友誼。我也像許多遇過自戀狂的倖存者，曾捲入有害的工作環境。學會適應和應對，直到最後離開這些情境，同時保持忠於自我，在許多方面讓我茁壯成長。

我從親身經歷以及其他倖存案例中了解到，想從惡毒者造成的破壞中痊癒，需要付出不少心力。我二十幾歲的時候，每天都練習冥想、瑜伽，並嘗試接觸各式各樣的心理療法。我讀過幾百本勵志書，並在紐約大學、哥倫比亞大學和哈佛大學研讀心理學、精神病理學和社會學。

或許你已經發現，與惡毒者互動讓你不知不覺中獲得新的技能和知識。我本身就能夠比大多數人更敏銳地辨別出惡毒者，也學到雖然有些惡毒者並非存心害人，但很多惡毒者確實心懷惡意。就算有少數的惡毒者能夠努力改變自己和自我反省，但大多數的惡毒者寧可維持狡詐和充滿攻擊性的本質。高敏感人必須先消化這令人難受的真相，才能理解那些加害人的心態。

如果你是高敏感人，多年下來可能已經建立對自己不利的習慣，不斷嘗試教育惡毒者如何培養同理心或變得更體貼。又或者你很努力設定界限，並試圖擺脫惡毒者，但始終成效不彰。這本書的宗旨就是幫助你終止有害的習慣，重新專注在自我照顧、設定界限和自衛。我在這本書中不只融入個人的生命教訓和智慧，也加入許多倖存者和專家的見解，以期提供合理的建議，讓你能更順利地應對惡毒者。

當你努力設定健康的界限時，就會逐漸意識到，解決別人的問題或教導別人基本禮儀並不是你的任務或責任，你不是他們的父母或心理師。我知道你一直都對這些不值得幫助的人非常慷慨，但這次你應該把時間花在思考他們是否值得留在你的生活圈，而不是試著「改造」他們，想藉此加強你們的依附關係。他們已經成年了，若真心想改變，早就可以改變自己。

提醒一點，這本書並不能取代專業的心理治療。如果你正在從創傷中康復，並且對書中的建議是否能付諸實行有疑慮，或擔憂自己的生命安全，那麼請務必找持有執照的專家進行治療和諮詢。書中的自我照顧技巧，只能協助你提升自尊、加速痊癒和設定界限。請選擇對你有效的部分加以應用，我希望這本書的資訊不只幫助你學會運用高敏感度的天賦，還懂得利用策略應對惡毒者。

如果你已經意識到自己是習慣與惡毒者糾纏不清的高敏感人，要知道你並不孤單。雖然使你成為高敏感人的某些特質，讓你在情感上容易受到他們的傷害，但你也具備一些優勢特質，能夠快速辨認惡毒者、建立穩固的界限，並直接面對他們的操控手法。

或許當今社會告訴你敏感特質是弱點，但這也可以是你的最大優勢，因為它猶如內在的警報系統和盾牌，讓你在危險的情境中比一般人更快察覺到。關鍵在於，你要理解自己的敏感特質，並傾聽自己的心聲。你是個有同理心的人，敏感天性是你的超能力。本書會教你如何運用這種超能力，更有效地辨別不同類型的惡毒者，以及如何以最適合你天生特性的方式，順利應對這類人際關係。

CHAPTER 1

三角關係

高敏感人、
惡毒型操弄者、
自戀狂

你是否每天都要面對難以忍受的強烈情緒？你覺得自己像「情緒海綿」，不斷吸收別人的心情。與其他人互動時，你吸收著對方身上的種種細節——他們的臉部表情變化、語調變化，以及非言語的動作。批評和衝突對你有破壞性的影響，可能毀掉你一整天的心情，人群讓你覺得筋疲力竭，強光使你心神不寧，而粗糙的材質和濃烈的氣味讓你焦慮不安。你也經常發現自己在跟惡毒者打交道，或者遭到自戀狂利用。若是對上述的特徵感到熟悉，也許你就是心理學研究者所謂的「高敏感人」。

知名講者艾蓮娜．赫爾迪克羅夫（Elena Herdieckerhoff）在ＴＥＤ演講中如此描述高敏感人：「所有的感官都處於高度警覺的狀態……各種情緒都很強烈。悲傷的感覺是撕心裂肺，而高興的感覺是欣喜若狂。高敏感人也不設限地關心和同情別人。想像一下，周遭的一切不斷與你交換能量。」敏感並不是性格古怪衍生的結果，而是基因遺傳帶來的祝福與詛咒。高敏感能讓我們更仔細地處理刺激，察覺到環境中的微妙變化，並對負面和正面的體驗有更豐富的感知。

高敏感人總覺得與世界格格不入，有研究顯示，高敏感人占總人口的一五％到二〇％，在情感和生理方面對自己、對環境以及對人際關係的反應更敏感。身為高敏感人，你對周遭發生的一切有非常敏銳的感知能力。這種特質使你很容易接收過度的刺激，但也可以讓你在與別人的互動中具備深刻的洞察力——前提是你要先理解自己的感知能力。

高敏感的特質使你很容易受到惡毒者的傷害。這是因為高敏感人以及有類似特質的「共感人」都很容易吸收別人的情緒，他們的界限不夠明確，因此經常承受著別人的痛苦和壓力，在日常生活中比一般人更頻繁地吸收別人的負面情緒。他們太過認真，極富同理心，更能注意到別人的需求，因此很容易落入惡毒者的魔爪。

在我們深入探討有毒的互動關係之前，先進一步探索高敏感度的特點吧！越了解自己，越能幫助你準確地察覺正在發生的事情，並開始為身為高敏感人的健康生活鋪路。

高敏感背後的科學

高敏感並不只是個人感覺，而是有科學依據。神經科學家阿塞韋多（Bianca

Acevedo）和同事進行一項研究，透過功能性磁振造影（fMRI）的掃描顯示，高敏感人的大腦對喚起情緒的圖片有更強烈的反應。與較不敏感的同儕相比，高敏感人觀察陌生人和伴侶的臉部表情時，與意識、同理心、感官資訊的整合、獎勵處理、以行動為導向的規劃等相關的大腦區域顯得更活躍。這說明了高敏感人比大多數人更容易對社會情境和別人的情緒做出反應。以下是更進一步的科學原理。

為什麼你感受到更多的細節：同理心與鏡像神經元

你有沒有想過，為什麼自己對別人的痛苦有更靈敏的情緒反應和同理心，甚至把別人的痛楚當成自己的？為什麼你傾向於嘗試修復、拯救和治療別人？二〇一二年，研究人員指出生物學上的因素是「鏡像神經元」更加發達。這是一種感官與運動的腦細胞，在我們觀察到別人做出某個動作時，腦內會有相同的反應，彷彿我們也做出同樣的動作，即便自身的肌肉沒有動作。

研究證實，高敏感人最活躍的大腦區域包括鏡像神經元系統。這與產生共鳴、認知、感官資訊的處理及行動規劃有關，因此高敏感人的同理心比其他人更強，對別人的情緒感應程度也更高。鏡像神經元系統讓他們在看到別人做某件事時，能夠感覺到對方的感受，因為大腦裡參與該活動的相同區域被觸發了。有研究指出，發達的鏡像神經元系統可以強化當事人對社會情境中的正面與負面體驗。所以高敏感人看到別人很痛苦時，能感覺到同樣的經歷，但也能感受到別人收到好消息時的喜悅。

舉例來說，你一看見別人哭泣，可能很快就有哭泣的反應，因為你能感覺到對方的不適和悲傷。如果親人告訴你以前遇過的創傷事件，你可能會經歷次級創傷[1]，也許會在腦海中想像對方在那次創傷事件中經歷的可怕磨難，並設身處地理解他的感受。

高敏感可以在兩個具有同理心的人之間建立聯繫，也可以與惡毒者形成單方面的寄生關係。高敏感的你，每次想採取行動、幫助有需要的人時，高度的同理心和拯救慾看似有益，但實際上讓你更容易受到惡毒者利用，因為他們之所以想博得你的同情，就是為了繼續進行破壞性的行為。當你總是受到別人的痛楚影響

1 又稱替代性創傷，指因為聽聞或目擊他人遭受的創傷事件，導致自己也間接受到創傷。

時，就無法仔細思考對方對待你的方式，反而很快接納他們，將他們的惡劣行為合理化。控制慾強的人很喜歡利用你的這種特質，我們會在這一章的後半部深入探討這一點。

感知與適應環境的能力較強

高敏感人不只對其他人敏感，也能與生活環境密切地連結。一項研究顯示，高敏感人大腦中的腦島（insula）比較活躍，能進行更深層次的處理，適應環境的變化，並更敏銳地感知到經歷的一切。此外，他們對細微的刺激更敏感，也對正面與負面的刺激更有反應。

腦島主管自我意識，並在人類做決策的過程中發揮重要作用，能處理我們的生理知覺。研究員克雷格（Bud Craig）表示腦島能收集關於我們的生活環境、生理知覺和心情的資訊，然後創造個人對當下的主觀體驗。克雷格認為高敏感人在審視環境和經驗時比大多數人更深入，不僅能辨認出不同模式，更能充分地吸收資訊，將過去和現在的經驗連結起來，考慮決策時也比非高敏感人更周到且擁有很強的直覺。

你遇到陌生人時，可能在產生整體的第一印象時，便吸收了他們的非言語動作、細微的臉部表情、語氣和心情，同時審核你自己的情緒狀態、生理知覺和周遭環境的細節。舉個例子，你初次見到瑪麗時，她看起來很風趣迷人，但你察覺到她散發出瞧不起人的傲氣，同時甜美的語氣中帶著虛偽，讓你很不自在，內心本能地感到焦慮。

問題在於，即使你是高敏感人，在這種情況下還是可能會因為瑪麗的迷人外表，而將自己的觀察結果合理化。關鍵是要意識到，你遇見陌生人時能發覺細微的差別是一種優勢，而非缺點。你的大腦能收集和處理大量資訊，這對你做決策的過程有利，尤其是當你需要從生活圈剔除潛在的惡毒者。

這種深入的審視方式可以依據不同情況，分為兩種不一樣的發展方向：第一種情況是高敏感人會在做出決定之前權衡利弊。另一種情況是，眼前的處境與過去經驗相似時，他們可以快速對危險做出反應，正如研究報告指出的：「換句話說，敏感度讓他們比一般人更注意細節，然後利用自身知識更準確地預測未來。」

身為高敏感人的你已經擁有許多內在資源，能用來準確地評估和辨別惡毒者。你只需要努力傾聽自己的心聲，並將直覺與我接下來在書中分享的行動步驟結合起來。

童年的環境如何塑造你

「你太敏感，太情緒化了！」曾有同學這樣譏諷我，只因為我聽到一些同儕間的侮辱性言論而哭泣。國中時期遭到嚴重的霸凌一事，對我造成極深的影響，我的情感很少獲得別人的認同。

身為高敏感人的你，或許從小就被人貼上「太敏感」的標籤。你也可能面臨嚴重的焦慮症、憂鬱症，甚或情緒不穩定。這些不一定是高敏感度固有的特徵，但如果你有過「童年逆境經驗」，高敏感人的特質會讓你更容易面臨這些問題。「童年逆境經驗」是指人在童年時期遇過壓力很大或造成創傷的事件，例如生理、性或精神上的虐待；生理或心理層面的忽視；目睹過家庭暴力；家人罹患精神病或染上毒癮；父母分居或離婚；目睹過母親遭受粗暴的虐待；家人入獄等。

如果童年充滿了情感忽視、虐待或霸凌，你的高敏感度可能與這些經歷有關，導致你在成年後容易有慢性病、藥物濫用、自我傷害和自殺念頭的問題。「教養」與「天性」相互影響，因此有害的早年環境使高敏感人更容易感受到壓力。高敏感人也擁有遺傳變異，大腦中的血清素天生偏低，而這種現象在童年艱辛的人身上更為明顯。不過，這種遺傳變異也能帶來好處，包括提升學習記憶力、有更佳的決策能力，以及整體的心智功能更優良。

即使身為高敏感人的你有過童年創傷，還是具備許多天賦和能力，能以積極的方式對世界有所貢獻。你的韌性和發覺微妙差異的能力脫穎而出。只要你學會巧妙地運用這些能力去應對人際關係和衝突，就可以如魚得水。

反思紀錄：童年逆境經驗

請思考以下問題，並將你的回答寫在筆記本中。你有任何童年逆境經驗嗎？這些經驗如何影響你的成年生活？高敏感是否會影響你的反應方式？你的高敏感體現在哪些方面？

關於共感人

雖然有些人認為「共感人」屬於偽科學的範疇，但高敏感人應該是當今在科學上研究到能力與共感人有共同點的最相近群體。據說，共感人能直接體驗到別人的情緒，醫學博士奧洛夫（Judith Orloff）表示：「共感人會先感受到情感，然後思考。在過度強調理智的社會中，他們的運作方式與大多數人相反，但他們與世人之間沒有隔閡。」

我們能感受別人的情緒，並不是毫無科學依據。有研究指出，情緒感染（受到別人的情緒誘導）非常普遍，心理學家卡特（Sherrie Bourg Carter）提到：「研究發現，人類對皺眉、微笑或其他表情的模仿，能觸發大腦的反應，然後將這些表情解釋成自己的感受。簡而言之，我們天生就容易捕捉別人的情緒。」

高敏感人和共感人的直覺都很強。他們能敏銳地察覺別人的情緒和能量，體驗到高層次的情緒感染。儘管「共感人」和「高敏感人」這兩個詞不一樣，彼此卻有許多相似之處和相同的特點。對高敏感人而言，大腦中調節情緒的區域比一般人更能迅速反應，這一點和所謂的共感人非常相似。

無論你認為自己是共感人或高敏感人，本書是依據這兩個群體的共同點來提供建議和策略，我統一以「高敏感人」來稱呼。

敏感的程度

根據一些研究指出，高敏感度是一種基因特徵，因此你要麼有，要麼沒有。不過，如前文提及的，心理學家發現天性和教養相互影響，生物學上的先天傾向通常會與後天環境交互作用，這種基因特徵也不例外。你的高敏感度與你的心理健康狀況、創傷、文化、宗教背景或童年逆境經驗相互影響，導致你表現出與其他人不同的高敏感度。

以我為例，我是從小在曼哈頓成長的高敏感人，目前依然在這裡生活——充滿嘈雜的噪音、人群和強光。雖然我天生對這些事物很敏感，但與大多數人相比，我更能忍受強烈的刺激，因為我從小就生活在混亂無序的學校和家庭環境中。我已經習慣了過度刺激的因子，也能夠在需要的時候「不去注意」這些因子。

相較之下，一個來自鄉下小鎮的高敏感人可能就對都市噪音、群眾和強烈的光線比較敏感，因為他們不習慣這種環境。然而，如果他們的童年經歷很安詳，那麼與那些在童年遭到霸凌或虐待的人相比，他們面對混亂情況時就不太會有反應過度的問題。前述的兩種人都算是高敏感人，但不同的經歷會影響到呈現敏感的程度和方式。

練習：高敏感人的評量表

請閱讀以下與高敏感人最常見的社交行為清單，並勾選符合的項目。你勾選的項目越多，代表你越有可能是高敏感人。

- ☐ 與大多數人相比，你對周遭情況和人群的情緒反應更強烈。別人經常說你「太敏感」。
- ☐ 你能深刻地感受並理解別人的情緒狀態。經常不自覺變成「情緒海綿」，吸收著別人的心情和感受。
- ☐ 你想幫助陷入痛苦的人，也能預先考慮到別人的情感需求，盡力讓對方覺得輕鬆自在，尤其是他們有煩惱時。

□ 你對人、地方和情況都有很強的直覺，後來也證明你是對的。

□ 無論你偏外向或內向（約有三〇%高敏感人是外向性格），都需要大量的獨處時間思考自己的經歷和沉澱心情。

□ 你會思考得很深入，會注意到其他人錯過的細微之處。你對環境的變化和別人的情緒都非常敏感，擅長解讀表象以外的部分，能察覺到別人在說謊，並注意到言語和肢體語言之間的差異。你還能發現別人忽略的微表情、語氣、非言語的動作等細微變化。

□ 你的內心世界多采多姿，有很強的內省能力、創造力和想像力。你可能容易受到藝術吸引，因為藝術能觸動你的心，引起你的共鳴。

□ 你有天性慷慨，也對他人心理有著深刻的洞察力。身為有天賦的治療者，你傾向於從事與照顧、領導或教學有關的職業。

□ 你很容易受到周遭環境的影響，尤其是有大批人群、刺眼燈光、吵鬧聲或濃烈氣味的場所。你想離開充滿這些因子的環境，否則會覺得情緒低落。

☐ 與大多數人相比，你花更長的時間反思人事物、決定和情勢。例如，你需要花好幾周的時間反覆思考來自他人的批評，或者花更多的時間走出一段結束的感情。

☐ 你與別人互動時，很容易受到刺激。你可能在此刻感到平靜和放鬆，但在社交互動結束後，卻覺得情緒激動，而你不一定知道原因何在。

☐ 高敏感特質以及吸收別人情緒的能力，可能導致你陷入憂鬱、焦慮和自我懷疑。或許你也染上一些癮頭，因為想藉此麻痺自己體驗到的強烈情緒。

☐ 惡毒者經常親近你，侵犯你的界限。他們消耗你的精力並利用你，卻沒有給你相應的回報。

☐ 你與許多自戀型人格者建立過不健康的關係。他們經常利用你的同理心和敏感特質。

治療評估：你需要找心理師嗎？

請記住，有創傷經歷的高敏感人更容易罹患焦慮症和憂鬱症。無論你的童年遭遇為何，假如你符合下列任何一項敘述，都應當向心理師求助：

- 持續有嚴重的焦慮症狀，或反覆性的恐慌症發作。
- 極端的社交恐懼，導致自我封閉。
- 創傷記憶再現、出現侵入性思維[2]或做惡夢。
- 長期出現負面的自我對話和自毀行為。
- 解離（你感覺與自己的身體或環境分離，或與兩者都分離）。
- 有自殺念頭，或打算傷害自己。
- 以前發生過自殘事件。
- 有身心失調的症狀，但原因不明。

2 指無法自主控制、反覆突然出現的負面想法。

- 有身體形象和飲食失調的問題。
- 近期遇到創傷事件，或者因目睹別人的創傷，而經歷了次級創傷。
- 出現成癮狀況或強迫症（包括任何強迫症行為）。
- 曾在感情關係或友誼中遭受虐待，或待過剝削性的工作環境。
- 有任何形式的思覺失調症狀，例如出現幻覺、幻聽等。
- 很難與別人保持健康的人際關係或依附關係。

惡毒者的「天菜」

高敏感人接觸到缺乏同理心、甚或沒良心的惡毒者，他們的思維、身體和心靈都有可能過度負荷。曾有倖存者論壇進行一項線上調查，發現ＭＢＴＩ十六型人格中，ＩＮＦＪ和ＩＮＦＰ類型最容易淪為自戀型人格者手下的受害者。這兩個人格類型與常見的高敏感人特質相似，比如說都擁有很強烈的情緒、盡責、高度的同理心和直覺。

高敏感人很容易變成光譜極端的惡毒者鎖定的對象，但普通程度的惡毒者也會消耗高敏感人的心力。我們接下來會先探討這些較不極端的惡毒者，他們通常沒有意識到自己的行為對別人造成的影響，對質的時候，他們比較能反省自己的行為，甚至願意改進。這些人包括「越界者」、「情緒吸血鬼」、「混亂製造者」和「尋求關注者」。

自戀狂的有害行為概要

我們將在第二章深入探討一般惡毒者和陰險型自戀狂之間的區別，但你目前應該要先了解一些說明自戀行為的用詞。如果你發現以下敘述很符合自己陷入的處境，那麼你可能正在與危險的自戀狂往來。

煤氣燈效應：他們否定你對現實狀況的看法，並且對自己做出的虐待或有害行為的影響輕描淡寫。他們會說你瘋了、情緒不穩定，並否認自己說過令你傷心的話或做過傷害你的事，甚至認為那些虐待都是你幻想出來的謊言。

築心牆和冷暴力：他們習慣在深入的對話開始之前突然停止交流，或者在你嘗試溝通時完全忽視你。出現衝突時，他們會突然退縮。即使在你們的關係處於良好狀態時，他們也會採取冷暴力。

缺乏同理心，並有剝削他人的傾向：他們沒良心的行為包括外遇、遺棄需要幫助的親人（例如生病）、使你處於危險境地等，這些都是自戀狂缺乏同情心和同理心的明確跡象。反社會人格者不太會對自己的行為感到懊悔，有時候甚至在你心情低落時傷害你，從施虐中得到快感。即使他們看起來很後悔，通常都是用假哭和打悲情牌來騙取你的同情心，因為這樣做能立刻恢復你們的關係，以便再度開啟虐待的循環。

病態型說謊：自戀狂在大事和小事上都會對你說謊，包括無關緊要的事情。他們說謊是為了保持控制權，畢竟如果你沒有發現他們在說謊，你就會依據他們說的話，而不是依據現實情況做決定。他們可能過著雙面人的生活，多次外遇，對你的身心健康造成傷害。有欺騙習慣的人不值得信任，陰險型自戀狂往往是熟練的騙子。

間接或直接羞辱：自戀狂經常藉著貶低和辱罵的方式，削弱受害者的自尊心。他們會說一些挖苦的恭維話，直接謾罵和侮辱你，或者在與你交談的時候流露出高人一等的輕蔑語氣。他們會對你大發脾氣，或試圖用開玩笑的方式包裝負面的評論，目的是激怒你，而這也是言語虐待的常見手段。

控制和孤立行為：自戀狂對受害者有強烈的占有慾，並把受害者當成物品。他們可能會控制你的穿著、工作和來往對象，也不讓你與朋友、家人和同事聯繫。

蓄意破壞：研究人員發現，惡性嫉妒與更負面的自戀特質有關，通常涉及詐欺、詆毀和散播關於受害者的謠言。自戀狂會阻礙你成功，干擾你的職業發展，並透過公開羞辱和貶低的方式摧毀你的名聲。

抹黑：他們詆毀你的方式，包括捏造不實言論，召集更多人一同威嚇你，以及公然破壞你的名譽。在職場上，自戀狂若是認為你威脅到他們的地位，便會將你列入「黑名單」，阻撓你升遷。

性要脅或性侵：這些人不懂得尊重性方面的界限。他們會試圖侵犯你的身體，或強迫你參與讓你不自在的活動，同時忽視或逾越你的生理界限。

財務虐待：他們會奪走你的收入，只給你「零用錢」，也不讓你工作，目的是形成依賴關係，並完全掌控你的財務。

跟蹤和騷擾：這是自戀狂很常有的行為，尤其是當受害者主動離開他們，威脅到了他們的權力和支配慾。他們會突然出現在你的面前、打電話或傳訊息給你、用匿名帳戶發電子郵件給你、在語音信箱留下威脅性的話語、跟蹤你。他們也可能有網路騷擾的行為，甚至使用追蹤設備來監視你的行蹤。

身體虐待：並不是所有的自戀狂都有肢體暴力的傾向，但重要的是要記住：身心失調的人都有可能訴諸暴力行為，比如勒頸、毆打、推擠、甩巴掌，甚至是企圖謀殺。如果你有急迫的安全疑慮，請先到安全的地方，然後致電全國家暴保護專線：113。

反思紀錄：自己遭到那些操縱？

關於上述的操縱手段，你在人際關係中經常遇到哪些？

惡性惡毒者的心理

精神分析學家克恩伯格（Otto Kernberg）曾指出，具有反社會特質、偏執行為和施虐癖的自戀狂稱為「惡性自戀狂」，對所有人來說，了解他們會做出哪些事情十分重要。

二〇〇二年，就在聖誕節前夕，有一位年輕的孕婦蕾西在加州失蹤了。她的丈夫史考特接受偵訊時拒絕測謊，他聲稱蕾西失蹤時自己正在船上釣魚，因此毫不知情。他看起來像個專情愛妻的好老公，外表也很有魅力，因此在調查過程中順利矇騙許多人。

史考特在應該悼念妻子和未出世的兒子期間，打電話告訴女友安柏他去巴黎跨年的假故事。令人不寒而慄的是，他在這段關係的一開始就對安柏說謊，並謊稱蕾西是在更早之前就失蹤了，不過他沒料到，最終是安柏向警方告發他的。後來警方找到了蕾西的屍體，並且逮捕史考特——當時他已染髮改變樣貌，逃亡到墨西哥邊境的附近，身上還帶著弟弟的身分證和一萬美元的現金。

蕾西的故事是極端的悲劇，社會上的大多數人都無法理解，為什麼會有人殺害自己深愛的配偶（更別提未出生的孩子），同時間還過著雙面人的生活。多數遇到自戀狂和反社會人格者的受害者，遭遇或許沒有這麼極端，然而他們普遍會遭受虐待。這些虐待多在私下進行，沒有其他人知情，等受害者意識到自己處於危險處境時，往往為時已晚。

一如史考特被誤認為是疼愛家人的準爸爸和好老公，大多數的惡毒者都是外表迷人、舌粲蓮花，如同披著羊皮的狼。史考特缺乏同理心，不知悔改，為了展開與女友的新生活而拋棄家人，最終暴露了他的本質是陰險型掠奪者。對反社會人格者而言，他們可以毫不留情地消滅絆腳石。

這些人不像一般的操弄者，而是十足的危險人物，雖然大多數不會犯下謀殺罪，但是會對別人造成無法彌補的終生創傷。所謂的「自戀型虐待」是陰險又隱祕的暴力形式，實行情感虐待的自戀狂或反社會人格者會持續對受害者使出煤氣燈效應、築心牆、操縱、脅迫和控制的手段。有時，他們會表現出可怕的暴力行為，或迫使受害者自殺。

為了妥善應對自戀狂的操控手段，我們必須先了解他們的心理。在當今社會中，自戀狂、反社會人格者多不勝數。臨床心理學家斯陶特（Martha Stout）指出，每二十五個美國人當中就有一個反社會人格者。這是很可怕的數字，因為反社會人格者沒有良心，傾向於利用別人謀取私利，引以為樂，並對自己的行為毫無悔意。就算社會中的掠奪者數量不多，但他們善於吸引一群群的崇拜者，這一輩子能傷害的受害者人數絕對非常可觀，其中高敏感人正是他們鎖定的主要目標。

人格障礙的特徵

根據美國二〇一七年的一項研究指出，自戀型人格障礙和反社會人格障礙是許多人際問題的源頭：

自戀型人格障礙與過高的特權感、讚美需求、利用別人的傾向、缺乏同理心、傲慢的優越感和自負有關。

反社會人格障礙，美國心理學會指出其特徵包括毫無悔意、沒良心、花言巧語、經常為了個人利益和享樂而利用別人，以及有犯罪前科。

符合所謂「黑暗三角」特質（自戀、心理病態和馬基維利主義[3]）的人極具危險性和殘忍。他們會理性評估最能夠傷害到受害者的做法，從施加痛苦的過程

---

3 這類人格特質為具有高社交能力，善於欺騙，道德觀念薄弱，為了達成目的不惜一切代價，認為其他人都是工具性的存在。

中得到愉悅感，並且由於缺乏感性的同理心，因此不在乎自己的行為會對別人造成什麼影響。

怎麼會有人忍心對親人如此殘酷和冷漠？我們通常會假設原因出自某種精神疾病，但這不適用於人格障礙的案例。惡性惡毒者並非理智上有所缺陷，而是缺乏「利他行為」的情感——這種情感本來可以降低他們對別人的攻擊性。我們已經了解高敏感人的移情能力從何而來，現在則要探究自戀狂和精神病態者的大腦為何不同。研究指出，自戀狂大腦中與同理心有關的區域出現灰質異常情況。另一項研究也指出，反社會人格者的眼眶額葉皮質和腹內側前額葉皮質（與同理心和內疚感有關的大腦部位），以及杏仁核（在恐懼和情緒處理方面有重要的作用）都有結構和功能的異常情況。這兩個區域之間的連通性也中斷了，阻止杏仁核傳遞與情緒有關的資訊，因此無法傳送關於「對別人構成威脅或傷害」的訊息，進而影響到反社會人格者的決定。

一般人會因恐懼和威脅而產生激動的反應，但反社會人格者的杏仁核反應沒那麼激烈。後者預謀採取的攻擊行動是為了獲得獎勵或達成目標，並不是出自痛苦或對察覺到的威脅做出反擊。他們虐待別人時毫無同理心，對嫌惡刺激

（aversive stimuli）的反應不足，無所畏懼，情感貧乏。

此外，他們也缺乏道德感，這與大腦中的「海馬迴」和「紋狀體」有所缺陷相關。研究指出海馬迴有助於喚起情緒記憶和恐懼制約（fear conditioning），讓人能夠從後果中學習，紋狀體則讓人對獎勵和刺激產生更大的需求。後扣帶皮層、內側前額葉皮質和角回，則構成大腦中的「道德神經網」，與道德推理、觀點取替[4]和情感體驗有關。研究人員認為，大腦中的這些差異促成反社會人格者尋求更強烈的刺激、以獎勵為導向和欺騙性的操控行為，同時損害了他們的同理心、道德決策、約束力以及對懲罰的恐懼。

自戀型人格障礙和反社會人格障礙都很難治療。許多心理師和專家都認為，大多數的極端自戀狂不太可能改變自己，也不願意接受治療——除非治療能達成他們想達成的某項目標。即使他們可以暫時改變自己，目的也都是基於謀取私利或操控身邊的人，很難永久改變，因為他們的行為是從小時候就持續存在的慣性模式。

4 了解別人的意向，從其角度看世界的能力。

雖然導致病態型自戀的原因尚無臨床定論，但遇到自戀狂、反社會者的受害者往往誤以為他們是因創傷而失常，並覺得自己有必要「修復」他們。然而，這些掠奪者越是殘忍和無畏，就越不可能成功改變。二〇一二年的一項研究也指出，童年遭受虐待雖與部分心理病態類型的成因有關，但大多數焦慮程度較低的反社會人格者沒有遭受過虐待，也沒有罹患常見的心理健康問題，例如創傷後壓力症候群。

有些人會因為過度受到重視、被寵壞，以及被灌輸過高的優越意識而發展出自戀特質。雖然太過重視和寵壞孩子也是一種虐待形式，但通常不是一般人假設自戀狂在童年所遭遇的創傷。較不極端的自戀狂可能保有羞恥心，但一般而言，那些習慣威脅恐嚇受害者的自戀狂，通常都是目中無人的極端類型。我們不一定會找到造成他們人格障礙的根源，然而無論他們過去有什麼樣的創傷經歷，都不是他們主動選擇虐待他人的理由。這些極端自戀狂通常是為了獲得變態的愉悅感而施加虐待，但他們手下的多數受虐者（包括高敏感人），都不會這樣對待別人。

人格障礙通常與操縱和虐待行為有關。虐待關係專家暨臨床心理學家杜瓦蘇拉（Ramani Durvasula）提到：「我的研究和工作圍繞著家暴領域，也就是親密伴侶的暴力。大多數犯下家暴行為的人都是自戀狂或精神病態者，所以他們有危險性。換句話說，只要你阻礙他們前行，他們就會對付你。」

前述的孕婦蕾西就是悲慘的案例，類似案例可不少。一位名叫克里斯的男子殺害了懷孕的妻子和兩名女兒，他將女兒的屍體藏在油井，並向新聞記者謊報她們的下落。他後來甚至聲稱是妻子先殺了孩子，引起他憤怒的殺機。雖然這是很極端的行為，但對於與自戀狂相處過的人來說，這種陷害受害者的言行是家常便飯，他們試圖裝無辜，把責任轉嫁給受害者。

另一個可怕的案例是，陸軍中士埃米爾曾兩次蓄意謀殺妻子。第一次是在家裡策劃瓦斯漏氣，無視有可能危及孩子的性命，第二次則是在妻子跳傘之前對降落傘動手腳。幸好，她跌落四千英尺後存活下來。埃米爾與前述的史考特和克里斯一樣，都有慣性出軌、偷吃的情況，他也打算與外遇女友偷偷逃走。

不可預測的危險性

我們可以看到反社會人格者多麼有威脅性，以及在特殊的情況下會變得多麼殘暴。極具危險性的惡毒者不一定是罪大惡極的囚犯，很多都是表面工夫做得非常完美的「好人」，表現得猶如社會的中流砥柱，卻在私底下會造成莫大的傷害。他們能展現迷人的風采，解除你的警戒心，使你快速陷入愛河。

心理師安潔雅．施奈德（Andrea Schneider）專門治療自戀型虐待的受害者。她告訴我：「無論有虐待傾向的自戀狂看起來很普通或邪惡，重要的是要記住：沒有人可以預測施虐者的行為。」許多受害者因遭受虐待而陷入認知失調的困境，或情緒勒索的迷霧（恐懼、義務、罪惡感），可能無法準確評估施虐者造成的威脅。這就是為什麼當你感覺到生活處境很危險，或你長期受到虐待時，應當尋求幫助。比起過度在意診斷結果的「標籤」，你目睹的行為更重要，因為你無法預測身心失序者的行為。

為什麼你會淪為惡毒者的獵物

或許你很納悶，自己為什麼會與惡毒者扯上關係，你們完全是不同類型的人。高度的同理心正是你吸引到這種掠奪者的最大特點。

同理心、責任心、多愁善感、韌性、慷慨的天性——都是惡毒者喜歡用來剝削你的特質。在雙方都具備同理心和善解人意的健康關係中，這些特質有助於情感的發展，不過若是遇到自戀狂，這些特質反而會被他們利用，對你不利。由於高敏感人往往根據自己的是非觀念做決定，很容易將本身的道德感和良知投射到自戀狂身上，並假定自戀狂對別人也有同樣程度的同理心。

這種假設通常是大錯特錯，也可能導致高敏感人違背自己的核心價值觀和個人界限，只為了迎合自戀狂的需求，並盼望他們會回報或改變有毒行為。與自戀狂打交道時，你應該記住的是，他們對你的痛苦或困擾無法產生共鳴，因為他們總是優先考慮到自己，可以為了滿足私利而不惜侵犯別人的權利。

高敏感人與自戀狂之間有一種寄生般的互動關係，前者就像後者的「宿主」，資源不斷被消耗。在一段關係中，你起初會在「愛的轟炸」階段感受到自戀狂過多的關注和愛意（詳情請參閱第三章）。他們以迷人和操控之姿滲入高敏感人的生活，別有用心地從高敏感人身上獲取資源。高敏感人為自戀狂付出心力，並相信自己遇到了知音（或理想的商業夥伴、朋友）。

等到自戀狂摘下偽裝，高敏感人會先將對方的虐待行為合理化，自行假設是創傷、缺乏安全感、對親密關係有恐懼感等因素阻礙彼此建立健康的關係。其實，你看到的是自戀狂的真實性格。他們建立人際關係只有一個目的：滿足自我陶醉的需求——獲得任何形式的讚美、關注、欽佩、恭維、金錢、性愛或資源。

與惡毒者相處時，高度的同理心終究會使高敏感人遭受傷害。你從自己的道德觀點看待他們，太過同情他們，甚至忽略、合理化或淡化危險的跡象，這無異於自我毀滅。研究人員指出，由於大多數人透過社會公認的道德準則去看待自戀狂的言行，而這種準則通常是譴責說謊、傷害別人等行為，因此我們會先為別人的表裡不一找藉口，而不是正視他們確實懷有惡意的動機。有多少人曾經相信，惡毒者之所以做出令人難以接受的行為，是因為他們飽受低落的自尊心、不幸或悲慘的童年折磨？我相信正在讀這本書的你，一定聽過類似的事。

操弄者博取同情的三大步驟

具有高度同理心代表你會試著發現別人的優點，並幫助那些你認為受傷的人，尤其是當他們刻意使出小手段博取憐憫。惡毒者和自戀狂可能會滔滔不絕地談論不幸的童年、成癮問題和人生困境，目的是引起你同情。臨床心理學家斯陶特表示：「在發生暴力或攻擊事件後，試圖博得同情心的反常行為正是無恥之徒的伎倆。」他們假裝痛苦的模樣，讓你很容易為他們的「過失」找理由，導致無法從虐待的循環中跳脫。因此，了解他們有哪些慣用的博取同情的花招就很重要，能讓你有效辨別對方的意圖。

第一步：惡毒者會假裝很難過或充滿歉意，表現得很懊悔，但他們後來並沒有改善自己的行為。

第二步：他們會狡辯或者將虐待行為合理化，也許是訴說自己的痛楚，或者宣稱都是你誤會了、只是偶發狀況等，例如將過錯歸咎於喝酒，或是怪罪到你之前做的某件事情上。一旦你原諒他們，虐待的循環又開始了。

第三步：如果操弄者採取的策略無法引起憐憫，就會改為汙衊受害者是刻薄、愛計較、自私或精神失常的人。他們會發飆，利用煤氣燈效應，繼續採取操縱手段，直到受害者屈服。

你可能一次又一次地遭遇這些步驟，因為自戀狂發現你天生有責任感，也相信你這樣的人願意承擔危險的責任。自戀狂不太會後悔自己做了有害的違法行為，反倒是受害者對於揭露他們、終止這段關係，心裡容易產生愧疚感。我要再次強調，若與有同理心的人往來，你的正直特質對你有利，但這項特質在有害的關係中對你百害而無一利。

惡毒者很清楚有良心的人會相信他們是無辜的，也不喜歡發生衝突（這對高敏感人的神經系統是一種負擔），他們也知道無論自己造成多大的傷害，有良心的人還是會持續付出關愛。臨床心理學家西蒙（George Simon）是研究人格障礙的專家，他表示：「這類人最常鎖定的對象，往往具備兩種他們欠缺的特質：責任心和尊重。因此，太過盡責的特質使你很容易受到自戀狂操縱。他們把罪惡感和羞恥心當成主要的武器，前提是受害者具備感受內疚和羞愧感的能力，詭計才會奏效。人格障礙者缺乏這種能力，責任感強烈的人則恰好相反。」

高敏感人與自戀狂發生衝突時，很容易陷入憂鬱和焦慮。在自戀狂的操縱下，你的心理和生理都很容易受到影響，尤其是當你沒有意識到對方的操縱手段。即使後來意識到了，如果你已受到嚴重的創傷，擺脫施虐者就會是很困難的事情。

反思紀錄：裝可憐計謀的應對措施

想一想，你曾經將操弄者的虐待行為合理化的情況。你是否同情他們，也很容易原諒他們，讓他們免於承擔後果？你下次會採取哪些不同的應對措施？

為什麼你還留在惡毒者的身邊：生物化學的癮

「為什麼我很難離開他，並斷絕聯繫？」我發現這是有同理心的高敏感人與惡毒者打交道後的常見疑問之一。這個問題的答案很重要，因為原因並不是對方的優點或這段關係的好處，而是一種更危險的癮頭。

有毒關係造成的創傷控制了你的「情緒腦」，影響到杏仁核、海馬迴等部位，同時使大腦中主導思考的「前額葉皮質」斷線。創傷研究先驅貝塞爾・范德寇醫生指出：「這些大腦部位影響著人類的情緒、自制力、衝動性、面對威脅的反應、記憶力、學習、規劃和做決定。」創傷也會干擾大腦右半球和左半球之間的交流，致使左半球喪失功能，導致你無法正常地將經驗整理成有條理的敘述、解決問題，以及做出有利決策的能力。

在你責怪自己的行為很荒謬之前，請記住前述的重點。虐待關係的根源在於創傷專家所謂的創傷束縛（trauma bonding），也就是在強烈的情感體驗中創造連結，當事人為了求生存而不得不與虐待者建立關係。

研究成癮的專家卡尼斯（Patrick Carnes）博士將這種關係稱為背叛依戀（betrayal bond）：「剝削性的關係會形成背叛依戀，發生於受害者與具有破壞力的人建立關係時。因此，人質變成綁架犯的擁護者，亂倫的受害者會包庇父母，受到剝削的員工不願意揭露老闆的惡行……受害者與加害者建立起高度成癮的依附關係後，漸漸變得遲鈍。」卡尼斯描述了這種依附關係如何使受害者嘗試幫助施虐者「理解」自己犯下的錯誤，以期將他們「改造成正常人」。受害者經常因無法順利完成這項任務而自責。創傷束縛導致他們不再相信自己對周遭環境的理解能力，因此置身於更大的風險之中。受虐者雖然試著讓這段關係維持下去，想防止進一步的虐待發生，卻只會招致更多的痛楚。

了解為什麼你會繼續留在對方身邊，能幫助你扭轉自責的想法，並退出傷害你的人際關係。與斯德哥爾摩症候群很相似的是，即使倖存者經歷了恐怖的精神虐待或肢體暴力，創傷束縛卻導致他們為施虐者的行為辯護。這是一種難以終止的關係，而掠奪者也極力與受害者保持這種關係，以便進一步恐嚇威脅他們。在有毒的人際關係中，受害者的大腦與他們作對，同時他們與施虐者之間的生物化學聯繫，使創傷束縛更加惡化。人體內的荷爾蒙和化學物質都是關鍵因素，例如催產素、多巴胺、血清素、皮質醇、腎上腺素。

多巴胺的含量飆高

愛情對大腦的快樂中樞和獎勵中樞能產生刺激。想像一下愛情對高敏感人的大腦有什麼影響吧！舉例來說，快樂中樞受到電流刺激的老鼠，會很渴望再度體驗大腦被電擊的感受，甚至願意冒著休克的風險，也要去按壓能產生刺激的控制桿。研究指出：「這就像一般人與自戀狂相處時飽受折磨，卻仍然屢次尋求重溫『蜜月期』的快樂。」

我們都認為自己應該保持理性，但問題不只如此，其中還涉及到我們的感受。令人驚訝的是，有害的愛情能使多巴胺的含量飆高，而高敏感人更能體會到這種情緒。多巴胺是一種神經傳導物質，與大腦的快樂中樞有關，對人的慾望和成癮有非常重要的作用。

在建立關係的初期，自戀狂就會以過度讚美和關注的方式進行「愛的轟炸」。當你在滿滿的愛意中體驗大量的多巴胺，會感受到類似於毒品成癮的強烈興奮感。事實上，研究人員在二〇〇〇年便發現，戀愛中的大腦與古柯鹼成癮的大腦狀況很相似，研究也證實即使被戀人冷落了，愛情還是能刺激大腦中跟上癮和渴望有關的幾個區域。這就是為什麼自戀型伴侶開始遠離你，並對你忽冷忽熱時，你會體驗到戒斷反應。

大腦也會將注意力集中在對我們有害的人身上。心理學家卡內爾博士（Susan Carnell）指出，多巴胺系統的運作與這種忽冷忽熱的虐待手段相當契合，因為研究顯示每當獎勵的分配無法預測時，多巴胺更容易流動。快樂與痛苦交替出現，便會提醒大腦為了生存而「特別注意」造成的原因，並更努力獲得不確定的獎勵。相較之下，當人沉溺於愉快的體驗時，通常會釋放較少的多巴胺，因為大腦意識到不必再為了感受愉悅而努力追求。

體驗獎勵↓釋放多巴胺↓渴望再次體驗

沉溺於獎勵經驗↓釋放的多巴胺較少

間歇性的獎勵↓多巴胺更容易流動

這項理論指出「負面經驗」也會釋放多巴胺，促使人類適應對我們的生存來說很重要的事物。因此，研究人員發現在有害的人際關係中，受害者遇到的這種「挫敗感－吸引力」體驗反而增強了浪漫愛情的感覺，毫不令人意外。

在一段與自戀狂建立的有毒關係中，忽冷忽熱的行為性質其實會使受害者產生不健康的癮。對大腦而言，快樂與痛苦結合遠比純粹的喜悅更有意義，因此大腦會更加注意不利的人際關係。與自戀狂建立的關係經常充斥著衝突、煤氣燈效應、困惑，以及反覆出現不確定感和激烈的爭吵，甚或虐待，這些都使大腦為了獲得這段關係中的獎勵而更加用心。對方忽冷忽熱的態度，反而在你的大腦中創造了獎勵回路，比健康關係中的回路更強烈。

反思紀錄：多巴胺的衝擊

回想一下，你培養過最穩定的關係或友誼。你的感受如何，是有安全感／無聊的／開心的？接著，想一想你遇過對方忽冷忽熱的有害關係。即使這段關係不健康，是否有使你上癮或感到興奮之處？

催產素在盲目信任中扮演的角色

催產素經常被稱為「擁抱的荷爾蒙」和「愛的荷爾蒙」，人類在撫摸、性交和性高潮時都會釋放催產素，促進依戀感和信任感。嬰兒出生時，催產素會讓母嬰之間形成緊密的連結。當你與自戀狂處於「愛的轟炸」階段，催產素的效果很強烈，尤其是你們有親密的身體接觸時。

大腦傾向於盲目信任自己愛的人，即便對方曾經有背叛的行為也一樣。研究指出，即使已發生背信棄義的事情，催產素的釋放還是能提升當事人對另一個人的信任感。因此，自戀型伴侶出現不忠行為和病態型說謊時，就算握有實質證據，你對他們的生理依戀仍然會使你忍不住繼續投入心力。

這就是為什麼在交往的初期階段，要放慢親密接觸的節奏。這樣做有助於更準確地評估和辨別對方是不是值得你投入的對象。只要沒有性行為的迷霧干擾你的感知能力，你就可以更妥善地管理自身情緒。

反思紀錄：催產素的迷霧

在你經歷過的有毒關係中，是否太快發生身體上的親密接觸？這樣做是否使你看不清對方的真面目？

熱戀中的血清素、皮質醇和腎上腺素

戀愛中的人們擁有與強迫症患者差不多含量的血清素。大家熟知的血清素功能是調節情緒，尤其是焦慮和憂鬱。強迫症病患和高敏感人通常都很缺乏這種神經傳導物質。血清素不足會導致強迫性思維，了解這一點後，你難以控制自己對自戀狂的想法就說得通了。

研究指出人類墜入愛河時，血清素的含量會減少，而皮質醇（壓力荷爾蒙）會增加，讓我們提高警覺性，為應對緊急狀況而做好準備。皮質醇增加之後，會加深可怕回憶造成的影響，並導致創傷有如「困在體內」，引發生理上的諸多健康問題。

血清素減少和皮質醇增加的組合，使你對伴侶或愛慕對象產生強烈的執念和迷戀。你與他們的關係彷彿是生死攸關的大事，這說明了為什麼即使恐怖情人對你有害，你卻依然有不斷思念他的強迫傾向。

血清素減少＋皮質醇增加↓一心掛念著伴侶

腎上腺素和正腎上腺素（norepinephrine）除了會讓身體做出「戰或逃反應」之外，還對這種生物化學成癮的症狀有影響。當我們看到愛人時，腎上腺素會釋放，使我們的心跳加速，手掌出汗。這種荷爾蒙也與恐懼有關——你與自戀狂相處時，腎上腺素會大量分泌。

腎上腺素＋恐懼＋興奮↓吸引力

不相信的話，約會教練都會告訴你，興奮與恐懼交雜的約會更令人難忘，並且在大腦中形成與約會對象之間的強烈聯繫。研究證實恐懼和吸引力能產生相似的興奮情緒。因此，當你與伴侶共度感受強烈且可怕的經歷，例如一起坐雲霄飛車，你可能會因此變得更依賴他，深受到對方吸引。這就難怪你與自戀狂相處的可怕經驗會欺騙你的大腦，使你相信彼此之間有不可分割的密切關係。

反思紀錄：腎上腺素成癮

在有毒的關係中，你遇過哪些恐怖或危險的經驗呢？這些事件結束後，通常會有一段平靜又自在的時期嗎？

你現在心想：「嗯，我現在明白這些緊密的關係如何形成，但我該怎麼辦呢？」別擔心！你能在第五章學到如何處理生物化學的束縛，以及如何以更健康的抒發管道取而代之，最終讓你能夠戒掉對自戀狂的癮。

練習：創傷束縛的檢查清單

下方的檢查清單可以幫助你判斷：你是否正與惡毒型操弄者建立創傷束縛的關係。請閱讀以下的敘述，並勾選符合你的項目。

- □ 即使你們只互動一下，你卻感到身心疲憊，甚至全身僵硬。

☐與他相處時，你出現焦慮的生理症狀，例如：心跳加快、手掌出汗、突然偏頭痛、皮膚起疹子、腸胃莫名不舒服，或是其他突然發生的健康問題。

☐你的辦事效率受到影響。每當你與他相處或交流後，你的學習能力、記憶力、規劃能力、專注力、判斷力和決策能力都會受到干擾。

☐他一再利用你。與互惠關係不同的是，你經常是「施予者」，而他喜歡利用你的資源、時間和精力，卻很少回報你。

☐與他相處後，你的自尊心受損。他的評論和惡毒的行為讓你覺得自己一無是處、有缺陷或感到羞愧。

☐你發現他有控制慾且陰險，但你捨不得「放下」這段關係。由於你與他有創傷束縛的聯繫，你發現自己將他的虐待行為合理化、輕描淡寫，或否認事實。不管他如何對待你，你對他有強烈的上癮感。

☐即使你不再和他往來，你還是會密切關注他的言行，卻搞不懂他的真面目。你時常想起這段關係。若與他討論一件有簡單解決辦法的事情，你總會感到迷失和困惑。

☐每當你與他溝通時，你的情緒起伏很大。你一下子充滿自信，一下子感到氣餒又痛心。這是因為操弄者有雙重人格的行為。他需要你協助時，就會對你很友善。他想確立掌控權時，就會對你很刻薄。

☐你遠離惡毒者幾天或幾周後，你的活力和心情都好轉了。無論你離開他多久，都有「排毒」的效果。

☐你發現自己不斷質疑一切，包括對現實情況的感知能力。惡毒型操弄者經常否認自己說過的話或做過的事。你開始懷疑自己是不是想太多了。他還利用心理操控的手段，使你以為自己的經歷和情緒都不重要。

☐你每次與他互動時，都會產生非常矛盾的想法、信念和情緒（在心理學上，我們稱之為認知失調，是一種令人迷茫和苦惱的狀態）。他可以馬上從親切轉變成有惡意的態度，讓你對他的真實性格和企圖感到越來越焦慮和困惑。

☐你的自尊心變得低落，也在生活中失去選擇的能力。每當你積極地與他溝通，你都會有無能為力和無助的感受。

如果你發現自己是習慣與惡毒者往來的高敏感人，要知道自己並不孤單。雖然身為高敏感人的某些特質，讓你在情感上容易受到掠奪者的傷害，但你也具備一些優勢特質，能用來識別惡毒者、建立穩固的界限，並直接應對他們的操控手法。

CHAPTER 2

溫和型與陰險型

五種惡毒者

我有一個朋友，很執著於交男友，總是在分手後立刻展開新的戀情，每次都投入大量的時間、精力和金錢在新男友身上。我以前經常針對她的感情問題給予精神上的支持。不過，我後來遭遇重大悲痛的事件時，她連續好幾天都不理我，還指責我太自私，竟然期待她給予安慰，甚至抨擊我不該坦白說出自己被她的反應傷透了心。

那位朋友應該不是陰險型自戀狂，但她確實是惡毒者，這就是我後來不再與她聯繫的原因。雖然她持續嘗試挽回我們的友誼，說實話，她非常自我中心，只在乎自己的感情問題，再加上她在我處於人生低潮時對我不理不睬，讓我相信這不是一段值得重修舊好的友誼。

這就是溫和型惡毒者的例子。但自戀狂／反社會／心理病態人格則屬於「陰險型惡毒者」的類別。關於危險性的評估，我們要考慮到對方的行為因素、利用操控手段的頻率、對回饋的接受程度，以及他們能不能以同理心和有效的方式面對你的疑慮。你要依據人身安全程度和察覺到的損害程度，調整個人界限。

以下是五種常見的惡毒者，其中三種屬於溫和型，兩種屬於陰險型。我透過一些故事案例來說明他們的作風，並建議該如何解決他們的行為所造成的問題。

溫和型惡毒者

並不是所有的惡毒者都是以傷人為樂的自戀狂，有些惡毒者患有其他身心問題，或者面臨原生家庭的問題、自我中心主義、自私、過去創傷等困擾。他們也可能做出煤氣燈效應和投射效應[5]的行為，就像我本章開頭提到的朋友。然而，這些並不是他們與別人建立關係的主要方式，不一定需要與他們斷絕所有的聯繫，但與他們保持距離依然很重要，因為他們的危險性不容置疑，必須以特定的方式應對。

惡毒者＃1：常見的越界者

他們是最溫和的惡毒者，但還是會傷害別人，也不知道自己的言行「有毒」。他們很習慣用各種方式侵犯你的界限，例如：干擾你發言、侵入你的私人

5 將自己否定的想法和特點歸因到別人的身上。

空間、不斷要求你付出更多、擅自提出建議、浪費你的時間、不可靠、不遵守承諾等。他們也可能很聒噪，自私自利，或無法解讀社交互動中的暗示。

南希是辦公室裡最愛聊八卦的同事，一到辦公室就會到處找同事大聲閒聊，自顧自地提出一些建議：「我們最近養了一隻拉布拉多犬。牠真的好可愛，我愛死牠了……泰莉，我覺得你戴上藍色的耳環比較漂亮。要不要我幫你安排相親？我覺得你很需要，我認識一個叫湯姆的帥哥，他是我以前在會計師事務所的同事。你應該要去相親啦！」

史蒂夫的霸道母親克拉拉每天都不斷打電話給他，甚至在他上班時也是如此，就為了確認他的行蹤。自從他發生車禍後，克拉拉就養成這個習慣，她是真的很擔心兒子，但表達的方式非常不恰當。

你該如何設定與南希、克拉拉這種人之間的界限：有禮貌地解釋你的不便，並盡量減少彼此互動的時間，不要吵架和引起衝突。即使越界者沒有惡意，卻能輕易地消耗你的精力。在南希開始談論寵物和相親之前，你不妨插話：「南希，我現在真的很忙，而且我沒有打算和任何人約會。」如果她還是繼續嘮叨，你可以有禮貌地離開。

你與越界者交談的時間要漸漸變短。假設你是史蒂夫，不妨讓克拉拉知道你在上班的時候不方便接聽她的電話，但你偶爾會查看訊息。你可以與她定期一周一次通電話，並堅持拒接她在你工作時打來的電話。溫柔地讓越界者知道你很忙，他們才會開始尊重你的界限，畢竟他們也不能拿你怎麼樣。越界者通常會把注意力轉向其他「逆來順受」的對象。

惡毒者＃2：混亂製造者和尋求關注者

混亂製造者和尋求關注者的「道行」又高了一階。他們非常自私，注意力永遠只放在自己身上，就算別人批評他們也沒有用。他們喜歡製造戲劇性事件，引起衝突，或為了滿足受到關注的強烈需求而大肆炫耀，以期獲得讚賞。雖然他們讓別人覺得很累、沮喪、耗費心力，但他們比陰險型惡毒者更容易應付。

海蒂很喜歡成為眾人矚目的焦點，平常都穿著引人遐想的服裝去上班，公然與男同事調情，並在辦公室大聲談論私生活的細節。她這種渴求關注的病態需求，讓同事們很難專心工作，因為她頻繁地來回走動，滔滔不絕地講話。只要她沒有得到所需的關注時，便會心煩意亂、脾氣暴躁，甚至將被忽視的不滿發洩到別人身上。

同事之中，蘿拉最常被海蒂激怒，因為海蒂經常在會議上打斷她的話，平常也愛自顧自地跑去找她談論最新的戀情發展，害蘿拉一上班就開始分心。

你該如何設定與海蒂這種人之間的界限：轉移你的注意力。尋求關注者渴望你有情緒反應，並消耗你的精力，如果他們無法從你那裡滿足需求，便會改找容忍度更高的對象。在這個例子中，蘿拉可以制定與海蒂相處的界限，讓海蒂知道自己希望她不要在會議上干擾發言。蘿拉可以說：「我很尊重你的意見，但我希望你以後在員工會議上，不要在我發表想法的時候插嘴。還有，我希望你早上跟我聊天的時間不要太長，因為我早上很忙，沒空也沒有多餘的精力閒聊。」

假如海蒂不願意遵守界限，蘿拉可以決定找主管討論這些問題，或者打斷海蒂的插話行為，說道：「不好意思，請先聽我講完。」在海蒂每次插話的時候，蘿拉都應該客氣且堅定地說這句話。尋求關注者在公開場合被糾正之後，往往會覺得尷尬，於是會改找其他的場域博取關注。認真破解這種人的策略，也有助於你不被其他喜歡踐踏他人自尊心的惡毒者鎖定。當你重新將注意力集中在自己身上和原本的目標時，他們就沒什麼辦法能繼續找你麻煩了。

惡毒者#3：情緒吸血鬼

在其他的書籍和文章中，「情緒吸血鬼」通常被用來通稱惡毒者，我在本書中則是以此稱呼那些有同理心、卻大量消耗你的能量的惡毒者。

洛雷娜的母親是情緒吸血鬼，只有在自己有需求時，才會與女兒聯繫。她很需要情感上的支持，每次遇到困境時就大量占用洛雷娜的時間和注意力，然而輪到洛雷娜需要支持的時候，她都不聞不問。

母親會突然跑到洛雷娜家，要求見孫子女，同時不斷抱怨自己最近遇到的一連串不幸。洛雷娜很想與母親建立界限，但對於不服從母親的命令感到內疚，尤其是母親也會試圖引起她的罪惡感。不過，她很清楚自己每次需要幫助時，母親總是搞失蹤。

你該如何設定與洛雷娜的母親這種人之間的界限：直接進行態度堅定的討論，明確設立你的界限，有個很實用的回應是：「我很想幫你，但是我心有餘而力不足。」你要確立明確的界限，以及說清楚對方侵犯界限後的具體後果，只要他們每次侵犯你的界限，你就落實自己的原則。洛雷娜可以告訴母親：「我不可能在你每次需要我的時候都有空。以後，你要提早告訴我什麼時候來訪，不然我不會開門。」從此以後，她必須堅持只在緊急情況下接聽母親的電話，萬一母親突然登門拜訪，她也必須堅持不開門。

與情緒吸血鬼打交道時，踩穩界限的實際行動遠比口頭警告更重要。如果你希望將精力保留給更重要的事情，無論他們怎麼引起你的內疚感或羞愧感，你都必須堅守立場。讓他們無法消耗你的精力至關重要，你得阻斷這種寄生蟲般的不平等互動，只要你不再扮演「宿主」的角色，他們就會轉移目標。

應付溫和型惡毒者的CLEAR UP技巧

為了更有效地設立界限，你可以運用我設計的CLEAR UP技巧。對討厭衝突和拒絕他人的高敏感人來說，要跟溫和型惡毒者談判界限的議題並不容易。CLEAR UP技巧能幫助你掌控衝突，以健康的方式表明自己的立場。

- 情境（Context）
- 制定規則（Lay down the law）

- 落實界限（Exercise boundaries）
- 感謝（Appreciation）
- 重複（Repetition）
- 協調（Unity）
- 權力姿勢（Power posing）

請注意，這個方法只適用於沒有虐待傾向的惡毒者。方法奏效的前提是，他們願意了解你的界限原則。無論你多麼積極表達想法，「劃分界限」的想法都可能讓自戀狂勃然大怒。你的人身安全最重要，因此只需要與明顯有意願溝通的惡毒者進行以下步驟。

我們後面會進一步探討CLEAR UP技巧如何應用到與陰險型自戀狂的溝通，因為這些人有別於溫和型的惡毒者，你需要採取不同的策略。如果你擔心自己正處於險境中，最好避免面對面的衝突。

情境：透過清楚描述事情的前因後果來開啟你們的討論。假設娜塔莉希望與男友建立「不要在深夜打電話過來」的界限，那麼她可以清楚地描述情況：「你在深夜打電話給我，會把我吵醒，然後我就很難睡著了。」

制定規則：描述情況的負面影響，強調對方的行為會引發什麼問題。娜塔莉可以繼續補充：「如果我睡眠不足，隔天就會覺得很煩躁和昏昏欲睡。我們沒有見面的時候，我很喜歡傳訊息和跟你講電話，但是在我想好好休息的時候，你打來會讓我有心理壓力。」

落實界限：請設立明確的界限，或者直接向對方說「不」。娜塔莉可以說：「我上床睡覺之後，除非有緊急狀況，不然請不要打電話給我，也不要傳訊息。請你等到隔天再聯絡我。」

感謝：當對方尊重你的界限，不妨給予正面回饋，強化對方保持下去的意願，不管是簡單的口頭道謝，或者寫感謝小卡都可以。娜塔莉可以在睡前傳訊息給男友：「我很感謝你的諒解。現在，我準備要睡覺了。男友願意尊重我的需求，讓我非常感激。」

重複：你的信念要堅定，並專注於目標（讓自己的權利受到尊重），絕對不要被惡毒者影響。你可以嘗試「跳針技巧」，也就是一再重述你的觀點。如果對方不願意了解你的想法或威脅你，那麼你就停止對話吧。

協調：假如你們有解決不了的觀點差異，可以各自保留不同的意見。如果對方不同意你的要求，你不妨提出替代方案，或直接問他：「我們的想法不一致，有別的方法可以解決這個問題嗎？」接著進行有建設性的對話（前提是你確定對方沒有虐待傾向，並願意以非威脅性的方式交流；關於如何應對施虐者，請參閱第三章）。

權力姿勢：即使你對於討論設立界限一事感到緊張，也要表現出自信。保持眼神接觸、語氣堅定，在你處理與溫和型惡毒者的衝突時很有用。

反思紀錄：練習CLEAR UP技巧

我提供了實踐CLEAR UP技巧的例子，那麼你該怎麼應用到自己的情況呢？

請閱讀以下步驟的提示，並寫下你的想法：

- **情境**：清楚地描述你在生活中，想解決自己與溫和型惡毒者之間的問題。
- **制定規則**：為什麼這個問題很棘手？後果是什麼？
- **落實界限**：寫下你可以在這種情況中確立界限的一兩種方式。

- **感謝**：當對方的行為符合你的期望時，你能採取什麼樣的方式強化他改變的意願？
- **重複**：想出你覺得自在的說法。如果惡毒者試圖轉移你的注意力，你可以一遍又一遍地傳達自己的立場。
- **協調**：思考一下，如果對方不願意成全你的要求，可以提出哪些妥協辦法，或者對方無法改變，你該怎麼顧及自己的需求。以娜塔莉的例子來說，假如男友不肯改變太晚打電話的行為，她可以提早關掉手機。
- **權力姿勢**：如果你對於在特定的情況下實踐CLEAR UP技巧很不安，可以在見面或溝通之前做哪些事，讓自己感到充滿活力和自信？常見的方法有跑步、重複說自我肯定的話、找別人沙盤推演等。

陰險型惡毒者

現在你已懂得分辨溫和型惡毒者，那麼更狠毒的類型呢？你該如何辨認和應付他們？雖然與這些人溝通難如登天，但只要你優先重視自我照顧，就有辦法確立界限。為了在他們的面前保護自己，你要先知道他們的思維和操縱手段，才能深入了解他們的意圖、剝削他人的處世方式，以及該如何從互動、友誼和戀情中安全抽身。

惡毒者＃4：自戀狂

自戀狂有很高的危險性，因為他們缺乏同理心，只關心自己，完全不在乎別人的需求。正如我們在第一章提過的，自戀狂自私自利，全然以自我為中心，非常自以為是。若自戀程度相當嚴重，再小的冒犯都會引起他們的自戀型暴怒（narcissistic rage），並且做出非常殘暴的行為。以下清單條列出自戀狂常見的特點和行為：

- 絕不承認自己有錯。
- 逃避情感和責任。
- 只要有人不順從自己的意思，就會發怒。
- 無法如願以償時，表現得很幼稚。

- 向受害者灌輸自我懷疑的想法。
- 在衝突期間築心牆。
- 誹謗和造謠。
- 否認，使你質疑自己。
- 對你採取冷暴力。
- 利用三角關係（請參考第一四〇頁）控制你，並詆毀你。

喬安的男友是自戀狂，經常貶低她，她想討論事情時男友卻不回應。只要男友認為她看不起自己，就會對她發飆。男友也試圖控制她，不讓她與朋友和家人聯絡，後來開始誘導喬安相信會受到虐待都是她有錯在先。當然，他並非一開始就是這樣的態度，剛認識的時候他很有魅力又慷慨大方，隨著他們進入穩定交往階段之後，他就變了樣，露出真面目。他冷漠無情，很少在喬安生病的時候表示關心，還會挑她身心虛弱的時刻進行言語和情緒上的攻擊。

與自戀狂設立界限

想要跟有虐待傾向的自戀狂設立界限，千萬不能採取跟溫和型惡毒者相同的方法，因為自戀狂會肆無忌憚地踐踏和侵犯你的界限與權利。你想要堅守的界限，對他們來說反而是能夠狠狠傷害你的工具，於是就會故意踩線來激怒你。換言之，一旦讓自戀狂知道什麼事能傷害到你，他們就會做出更多傷害你的事情。這就是為什麼直接與他們進行溝通，往往無法產生有效的結果。

重要的是你要意識到，自己有權利遠離任何虐待你的人，包括言語、情緒、心理、生理、性愛方面的虐待。想遠離施虐者，制定安全的計畫很重要，尤其是你已經遭受到暴力攻擊或生命威脅。在這種情況下，最好不要讓施虐者知道你想要離開，請持續保密到你已經脫身、找到安全的地方為止。另外，你與自戀狂的溝通必須簡短並且只講述事實，不要讓他們有機會侵入你的生活。

假如你無法立即離開自戀狂，或者不得不與他們打交道（例如工作場所），又或者他們是你的家人，那該怎麼辦呢？以下是一些與自戀狂劃清界限的訣竅。

面對自戀狂的計謀和挑釁行為時，你的態度要冷淡。假設是個小小孩對你無理取鬧，你會認真看待嗎？請別誤解我的意思，這些自戀狂都是成年人了，理應要對自己的行為負責。你不必滿足他們對注意力或回應的需求，要盡量以超然的局外人立場察覺他們的怒氣，而不要參與其中。冷靜觀察他們荒謬誇張的舉止，並盡量簡短回應，以及拉開你們情緒上的距離。

此外，你要為自己設定界限，不能因為義務感或內疚感而屈服於對方的情感操縱。你並不是導致自戀狂言行失序的起因，你沒有治療他們的責任，除非你是他們的心理師（即便如此，你的任務是在有界限的範圍內提供幫助），否則你不必「糾正」他們對別人做出的破壞性行為，也不該容忍這種行為對你本身造成的傷害。

治癒和修復是他們的功課。你的責任則與自己有關——辨別誰對你的身心健康有害，並且知道何時該轉身離開。不要按照自戀狂期待的方式給予回應，這樣做只會強化他們瘋狂的行為。

你們的互動時間越短越好，你可以表現得友善，但不要密切往來。自戀狂是挑釁高手，擅長使出讓人分心的手段，讓你覺得不安和矛盾。因此，你要知道自己何時正受到操縱，並且專注於真正的目標。

如果你的目標是追求工作表現，那麼就應該把精力投入提高生產力，而不是捲入自戀型同事設計的心理戰。如果你的目標是保有孩子的監護權，那就不要向自戀型配偶傳送任何在官司上對你不利的訊息，無論配偶如何挑釁你（尤其是有紀錄的語音信箱或簡訊），都不要掉進陷阱。如果你的目標是在家庭聚會中不受到惡毒父母的騷擾，那就要專注在你與友善的家庭成員相處的時光，並有禮貌地終止不適宜的對話，嚴格限制自己與自戀型父母互動的時間。

當你們的討論內容讓你感到不安時，立即轉換話題。如果不得不與自戀狂交談，只要一察覺到不對勁，就要立刻轉換話題或停止對話。例如，你的自戀型妹妹喜歡拿你的感情狀態來貶低你，你就該趕快轉移到她感興趣的話題——讓自戀狂聊到他們自己的事，通常能有效分散他們的注意力。

找人討論未來的退場方式。即使當下被困在有毒的工作環境中，不代表你永遠無法脫身；現在無法離開一段有毒的關係，不代表你會一輩子維持現狀。請為未來制定計畫，好好存錢、建立良好的信用，並探索各種選項。如果你與自戀狂結婚了，可以請教了解高衝突人格者（high-conflict personality）的離婚理財規劃師和律師，或尋求心理師、互助團體、朋友以及了解你情況的家人的協助。千萬不要讓自戀狂知道你的計畫，因為他們通常會暗中破壞。

記錄一切。你應該保存自戀狂虐待言行的證據，尤其是你們在同一家公司工作，例如保留電子郵件、簡訊、語音信箱的紀錄。如果你需要搜集證據，請先確認當地的法律是否承認私下的錄音或錄影。如果你決定向對方提起法律訴訟，這些紀錄非常重要，同時也能幫助你抵抗自戀狂的心理操控手段。

練習正念和自我照顧。逃離惡毒者之後的自我照顧十分重要，第七章會深入討論這一點。精力被這種人持續消耗時，你也需要學會照顧自己，冥想、瑜伽、將安全場所形象化等療法，都可以幫助你重新把注意力集中在當下，讓你恢復活力和自信，能在任何情況下應對自戀狂。

惡毒者＃5：反社會人格者和精神病態者

「反社會」和「精神病態」是大眾最常用來稱呼「反社會人格障礙」的說法。罹患「反社會人格障礙」的人通常會表現出侵犯別人的權利、不遵守社會規範、易怒、有攻擊性、欺騙、衝動、忽視對自己和別人造成的嚴重後果、持續的無負責感、毫無悔意等行為。雖然並不是所有「反社會人格障礙」患者都一定會做出違法亂紀的行為，但許多重大刑案犯罪者都有反社會人格障礙。

要診斷是否有反社會人格障礙，當事人必須年滿十八歲，而有初步症狀的病患通常在十五歲之前就被診斷出行為規範障礙（conduct disorder）。他們在童年時期有過引起麻煩的行為，例如：殺害或折磨小動物、霸凌別人、偷竊、縱火、病態型說謊。

研究精神病態的專家哈爾博士（Robert Hare）在《精神病態檢查表》修訂版中，列出了以下常見的特徵：

- 花言巧語，流於表面的魅力
- 病態型說謊
- 寄生性的生活方式
- 狡猾和控制慾強
- 衝動
- 麻木不仁，缺乏同理心
- 缺乏豐富的情感
- 很需要刺激
- 漠不關心
- 無責任感
- 無法為自己的行為承擔責任

- 沒有實際的長期目標
- 淫亂
- 容易感到無聊
- 年幼時有問題行為，或青少年犯罪的紀錄
- 有多次短暫的婚姻
- 前科累累
- 自視甚高

反社會人格者和精神病態者都是最陰狠的惡毒者，不只缺乏同理心，也不會自責，毫無良知。其中有些人會表現出暴力傾向、犯罪行為，有些人則是表面上看起來很正直，私底下卻有各種越軌行為。無論是哪一種情況，他們都有可能涉及高風險的活動、多次外遇、詐騙、耍兩面手法，以及利用別人為自己謀利。他們手下的受害者多不勝數，同時以傷害別人為樂。

一樁知名的謀殺未遂案是很典型的例子。受害者瑪麗．布塔富奧科（Mary Jo Buttafuoco）遭到丈夫喬伊的外遇對象槍擊，有著反社會人格的喬伊在事發後，依然持續說謊並成功隱瞞自己長年外遇一事好一陣子。幸好，瑪麗活下來

了，她在回憶錄中指出，喬伊否認有不忠行為時很有說服力，提出的藉口也很合理。她提到：「許多反社會人格者的顯著特徵包括擅長操縱別人、為私利說謊、逃避懲罰，甚至會單純為了好玩而傷人……如果你還沒慘遭反社會人格者的毒手，實在很幸運。他們有辦法用迷人的方式引誘別人，也能讓別人相信錯誤的資訊。」

與反社會人格者或精神病態者劃分界限

考慮到危險性，你與這些掠奪者建立界限時，需要擬定特殊的標準和安全協定。如果你懷疑自己正與反社會人格者或精神病態者往來，就別再繼續有交集了。避開面對面接觸的場合，請優先考量自己的安全。以下是一些基本準則，供你參考。

告知信任的人，讓他們知道你可能正與危險分子往來。你可以告訴值得信任的心理師、知己或家人（最好是與這個危險分子不熟的人），讓他們知道你擔心對方可能會做出哪些行為。如此一來，萬一發生了什麼事，至少有幾個人了解狀況。

如果對方跟蹤、騷擾或威脅你，就要立即報警。你收集到的證據（簡訊、電子郵件、語音留言等）能證明你的說詞。不要讓對方知道你的行蹤，社群媒體也要進行隱私權設定，別公開顯示自己的資訊。

在約會的初期階段，要小心保護自己的身分證和個資。先不要透露你常用的電話號碼，改用即時通訊的應用程式或Google Voice提供的號碼通話。不要透露你的住址，每次都要約在公共場所見面，剛認識的時候，不要造訪彼此的家。在你還不了解對方的性格之前，不要透露自己的收入或遇過的創傷。在你深入認識對方之前，不要借錢或同居。反社會人格者和精神病態者經常在尋找可以利用的人，以便他們可以騙取好處。

反思紀錄：了解傷害你的惡毒者

在你的生活中，哪些人是有操控慾的惡毒者？請依據本章涵蓋的惡劣行為，列出名單，接著在每個人名旁邊分別寫下最匹配的惡毒者類型。根據他們的類型，你可以在下次互動時實踐本章的哪些策略呢？

較溫和的情緒吸血鬼、越界者和混亂製造者具有同理心和改變的能力，但你很難與陰險型惡毒者談判，而且你需要採取不一樣的技巧，才能安全地與他們互動，下一章會更深入地探討這部分。

CHAPTER 3

毒性攻略

對抗操縱手段的戰術

即使過了這麼多年了，我依然記得那一晚——我走進警察局，在凌晨三點第一次聲請民事保護令，因為收到了前男友傳來的最新一則恐嚇訊息。我謹慎地填寫報案資料，同時心跳彷彿每分鐘跳了一百萬次。幸好，我已準備好所需的證據，包括幾十通匿名的未接來電號碼、假帳號寄來的電子郵件，以及他每天持續傳來騷擾我的簡訊，試圖誘騙我復合。他甚至盜用我的名字和寫過的書名申請假的電子郵件信箱，目的是提醒我：他一直在監視我，而且會不擇手段毀了我。這一點毫不奇怪，因為我們交往時，他經常對我發洩病態的嫉妒情緒。

這次，我做好準備了。從他對我進行「愛的轟炸」到傳給我一連串憤怒的訊息，我的處理方式是先冷靜地與他交談，只陳述事實，並要求他停止騷擾我，但他依然故我。於是，我沒有讓他知道便去報警，過了一兩天，這位前男友終於因騷擾行為而遭到逮捕。他被釋放後，我取得了民事保護令，此後他再也沒有聯繫過我。

可惜的是，並非所有的受害者都這麼幸運。許多受害者離開伴侶多年後，仍然遭到對方不間斷的騷擾和跟蹤，甚至慘遭殺害。在某些情況下，民事保護令可能會使情況惡化。為了有效地應對惡毒者和自戀狂，你要做好充分的準備，並了解他們的行為背後有什麼動機、計畫，以及你該如何以最有效的方式保護自己。

請記住這個差異：溫和型惡毒者只是偶爾利用策略達到目的，其中有些人甚至沒有意識到自己的行為有問題。陰險型惡毒者則是常態性利用操縱手段，他們不只是別有所圖，也是為了激起別人的情緒反應。他們的許多手段都是為了打壓你、要你閉嘴。閱讀後面的內容時，請想想看你是否在過去的人際關係中，遭遇過同樣的手法和行為。

築心牆和冷暴力

在一段關係的爭吵中，其中一方有時候可能需要「喘息」一會兒，讓自己冷靜下來，這種情況發生時，一般人會認真地表達自己的需求。溫和型惡毒者或有逃避傾向的人偶爾會採取築心牆的方式，不願意溝通，目的是避開對這段關係構成威脅的談話。

不過，陰險型惡毒者則不一樣，他們會濫用築心牆的策略，使受害者失去信心、被迫保持沉默，並且在占上風後刺激受害者失控。研究人員威廉斯（Kipling Williams）和尼達（Steve Nida）表示，在社交圈遭到排擠或忽視，後果是刺激到前扣帶迴皮質（anterior cingulate cortex），也就是記錄生理疼痛的大腦部位。遭到孤立的受害者，內心痛苦的感受等同於被人甩巴掌。

倖存者蘿倫說：「只要我對自戀型前男友做的事、說的話或越界的行為表達感受後，他的回應方式通常是不合理的長時間冷暴力。我父親被診斷出肺癌之後，他也對我很冷淡，甚至遠離我。」築心牆的目的在於不允許你有不一樣的思維、立場或認知。他們寧可打斷你的言論、忽視你，或乾脆不溝通了。他們否定你的觀點和情緒，不認同你的疑慮，並發出最後通牒，迫使你出於恐懼感和責任感而服從他們的要求。築心牆會導致受害者壓抑情緒，捨棄真實的情感，進而降低身心健康和人際關係的品質。

研究人員戈特曼（John Gottman）也發現築心牆屬於人際關係中的四大溝通風格之一，並將這些風格稱為「末日四騎士」。其他三種風格是防禦、蔑視和批評，這些都是本章將會探討的操控手段。

在健康的關係中，雙向溝通是指理解彼此的感受，互相給予建議或提供實際幫助，並回應對方流露的心理壓力——這個過程能為這段關係奠下穩定的基礎。雙向溝通能有效促進關係品質、親密度和穩定性。當雙方都能理解彼此的需求，以坦率互惠的方式了解彼此的經歷時，他們會產生安全感，因為兩人都能表達自己的情感，並知道有人看見、傾聽和支持自己。在對話開始前就將對方拒之門外，是一種逃避責任的態度，也會破壞關係中的親密度和雙向溝通。

關係中的「要求—迴避」模式是指其中一方退縮了，另一方的回應變得越來越苛求和焦慮。這種模式會導致築心牆手段下的受害者陷入憂鬱，在關係中進一步引起衝突。雖然有些人（尤其是男性伴侶）習慣利用築心牆的方式避開衝突，但實際上會導致更大的心理壓力和更多未解決的問題。

如果築心牆者冷酷無情，並有操縱的意圖，負面影響則更大。當陰險型自戀狂迴避你時，其實是期望你乞求他們的認可。心理學家派普博士（Jeff Pipe）寫道：「在一段關係中，築心牆的對待方式在情感上相當於中斷對方的氧氣供應。築心牆造成的情感疏離，等同於拋棄行為。」起初，築心牆手段會喚起受害者的恐懼感，緊接著是憤怒，付出更多注定白費的心力，只為了得到築心牆者的回覆或解決辦法。當這些嘗試都沒效後，受害者會覺得自己遭到遺棄、忽視和失寵，如同莉迪亞的遭遇。

莉迪亞對於伴侶約翰對待她的方式感到擔憂。約翰的脾氣很容易失控，也經常不留情面地批評她。她在生日的那天，嘗試在吃晚餐的時候討論約翰的行為。約翰的回應是全盤否認，指責都是她反應過度。她試著說明他最近的言論讓她多麼傷心時，他盛氣凌人地說：「我不想談了！」旋即起身離席，沒有任何解釋就離開公寓，留下莉迪亞一個人過生日。

她試打電話給約翰，每一通都被拒接，傳送的訊息也都是未讀狀態。她整晚睡不著，不停哭泣，還一直為約翰擔憂，但他徹夜未歸。莉迪亞原本希望進行的建設性對話還沒開始就結束了，而且約翰毀了她的生日。隔天他主動來電，卻裝作什麼事情都沒發生過。莉迪亞問他昨晚去了哪裡，他卻回答：「你真的應該去找心理師解決你的問題。」不等莉迪亞回應就掛斷電話。

在這個情境中，約翰再次拒絕溝通，在情感上否定莉迪亞，並無禮地轉移話題。即使問題繼續惡化，他也不願意立即解決，使莉迪亞更痛苦，並增加不必要的心理壓力和創傷，更別提她遭到遺棄的傷痛了。約翰是典型的自戀狂，他對莉迪亞的痛苦沒什麼同理心，還在對她來說很重要的日子拋棄她。假如他願意花時間消除莉迪亞的疑慮（但他似乎沒有這方面的情感認知），他們會獲得更有建設性和讓人心安的結果。

儘管築心牆看似終止了對話，但實際上是向受害者清楚地表明殘酷又輕蔑的訊息。無論築心牆者的意圖是什麼，這種行為都向伴侶傳達一件事：「你不重要，你不值得我回覆。我不在乎你的想法和感受，我不需要你。」

築心牆的另一種形式是冷暴力：這種懲罰行為可以是毫無來由，或者使你誤以為設立界限會帶來毀滅性的後果。有操控慾的掠奪者經常利用冷暴力，引起你的恐懼感、義務感和內疚感，使你迫不得已乞求他們的認可，或屈服於他們的要求。心理諮商師茲瓦林斯基（Richard Zwolinski）認為自戀狂很喜歡採取這種手法：「冷暴力可用作虐待手段。這是成年自戀狂的幼稚作風，很像兒童吵著說：『只要你不投降，不給我想要的東西，我就不理你！』」

如果你遇過這種操縱手段，覺得自己被遺棄是很正常的反應。自戀狂的築心牆和冷暴力態度，令人不安又苦惱。

破解築心牆和冷暴力的祕訣

當你遭到冷暴力時，不妨把這段時間視為你的「自由時間」，並且好好照顧自己。與其主動聯繫忽視你的人，還不如多加留意自己的情緒，辨別對方帶給你的感受。重新把這段經歷看作可以跟對方分開一下的好機會，提醒自己：我不該忍受這樣的對待。請記住，自戀狂之所以不回應你，或對你施加冷暴力，目的都是為了控制你的反應。他們希望你追著他們跑，乞求他們的關注。他們想挑釁你，也想控制你和貶低你。

如果你遭到冷漠的對待後，嘗試表達感受卻沒有用，那麼你要明白：問題不是出在你身上。如果這是長期存在的問題，你必須停止自責，別再繼續為了討好貪得無饜的人而如履薄冰。除非惡毒者願意改變，否則他們的溝通模式是不可能改善的。

在比較健康的人際關係中，當雙方都願意修正失衡的部分時，築心牆的情況得以改善。然而，跟病態型伴侶建立的不健全關係中，照顧自己和自我保護是最重要的事。很多時候，最好的辦法是離開對方，不再與這個不願意聽你說話的人交流，否則你只是在鼓勵他們繼續耍心機。自戀狂築心牆的時候，你要把交流的精力留給其他真正尊重你的人，花時間好好照顧自己。

反思紀錄：築心牆的例子

請寫下你在談話中被忽視的例子。你有什麼樣的感受？你無法傳達什麼？你下次又遇到冷漠的對待時，該如何更愛護自己？

煤氣燈效應

煤氣燈效應是非常陰險的操縱手段，目的是擾亂你對現實情況的判斷能力。惡毒者在心理上操控你時，會展開令你煩躁的討論，不斷質疑並否定你的想法、親身經歷、情緒、感知能力和理智。煤氣燈效應讓自戀狂、反社會人格者和精神病態者能夠大幅消耗你的精力，使你無力反擊。如果你無法找到脫離惡毒者的有益方式，付出再多都是徒勞，也無法從自己的經歷中找到確定性和認同感。

「煤氣燈效應」這個詞最早來自一九三八年寫成的小說《煤氣燈》（*Gas Light*），內容是關於控制慾強的丈夫把妻子逼到快要精神崩潰，使她質疑起眼前的一切。小說隨後改編成電影《煤氣燈下》，這部心理驚悚片講述的是男主角格雷戈里謀殺了知名的歌劇演唱家，然後與她的姪女寶拉結婚所展開的一段故事。

格雷戈里破壞妻子對實際狀況的理解力，使她相信姑姑的房子鬧鬼，目的是要把她送進精神病院，以便他將妻子繼承的高價珠寶占為己有。他偷偷搬動家裡的物品，不停開啟和關閉煤氣燈，在閣樓裡製造令妻子不安的聲音，一方面創造出房子鬧鬼的假象，一方面又極力說服妻子相信一切都是她的幻想。

他不允許妻子與外界聯繫，因此寶拉無法向別人訴說自己遇到的恐怖經歷。他甚至雇用一些外人來當幫凶，比方說請女傭確認其他人都沒有移動某幅畫，害寶拉以為是自己幹的，即便她根本沒做過這件事。只有一個外人向寶拉說明了煤氣燈閃爍的原因，她才知道自己一直都沒有失去理智。

這部電影反映了許多倖存者在私下遭到虐待和孤立的情況。他們以為自己快瘋了，無法信任自己。直到出現願意向他們說實話的人，能證實他們的感知能力很正常，他們才恍然發現毒辣的詭計。

煤氣燈效應能發揮作用的原因在於，一再重複與事實不符的陳述就足以使人放棄相信真相。有研究發現，同樣的說法重複多次後，即使資訊不正確，而接收方也知道這是錯誤的訊息，但重複的效果會誤導人相信這是事實。當接收方感到疲憊，或者被其他的情報分散注意力時，效果更具有威力，就像煤氣燈效應下的受害者遭到施虐者否定後經常遇到的情況。對於某個說法的熟悉程度會影響一個人相信與否，「熟悉程度」的影響力有時候甚至比「可信度」更大。

有意曲解事實的操弄者會利用這一點來獲取利益。他們頻繁地說同樣的謊言，在受害者的腦海中變成無可辯駁的真相。他們使你懷疑現實狀況，並質疑自己的心理健康，當你不再信任自己的感知能力後，操弄者更能輕易地逃脫懲罰。他們忙著扭曲事實時，你則忙著將自己的所見所聞與他們的說詞保持一致，卻無法理解自己的界限如何受到侵犯。陰險型自戀狂經常說「我沒說過那句話」、「你反應過度了」、「你太敏感了」或「你太誇大了」，藉此在心理上操縱受害者。

自戀狂操控受害者的另一種常見方式是把受害者視為病人，表現得像有權威的醫生在診斷情緒不穩定的患者。有些家暴的施虐者甚至直接擾亂受害者的心理健康，目的是編造更多能證明受害者「失去理智」的證據。如此一來，受害者說出遭到虐待的情形時，可信度便降低了，也會被視為情緒不穩定或精神失常。事實上，美國全國家暴求助專線於二〇一八年表示，不建議施虐者進行伴侶治療，因為他們接受治療後，可能會導致受害者進一步遭到侵犯和心理操控。

全國家暴求助專線和全國家暴、創傷暨心理健康中心估計，有八十九％的致電者曾經遭到施虐者在精神上的脅迫，還有四十三％致電者遇過藥物濫用的脅迫。這些施虐者先讓伴侶產生心理健康或藥物濫用方面的問題後，再威脅說要在官司中利用這些資訊攻擊他們（例如爭取兒童監護權的案件）。

日常的煤氣燈效應可能是出自疏失或誤解，但刻意的心理操縱手段絕對是別有用心。心理師薩基斯（Stephanie Sarkis）指出，陰險型自戀狂操控別人時總是另有所圖：「目的是使受害者質疑親身經歷，並在心理上依賴心理操縱者。有人格障礙（例如反社會人格障礙）的人天生就有控制別人的強烈需求。」

受害者發現心理操縱者的虐待行為時，後者會採取羞辱、懲罰和忽視情感的方式來反擊。長期的煤氣燈效應可能會引起強烈的恐懼感、焦慮、自我懷疑和認知失調——矛盾的想法引起混亂的內心狀態。一方面，受害者會注意到事情不對勁，另一方面，心理操縱者專斷獨行，持續否定現實情況和受害者的看法，使他們措手不及，也難以相信自己的實際經歷。

持續承受煤氣燈效應的受害者提心吊膽，開始相信心理操縱者的謊言，而不是自己的感知。根據《煤氣燈效應》一書作者史特恩（Robin Stern）博士的說法，部分原因是受害者需要從心理操縱者那裡得到認可，而這種需求在虐待的周期中變得更強烈。

凱特琳娜懷疑丈夫戴爾有外遇，因為他最近不只很晚下班回家，經常把手機帶進浴室、在半夜接聽可疑的來電，也在吃晚餐的時候不斷傳訊息。凱特琳娜甚至在床上發現陌生人的內衣褲，但戴爾堅稱那些都是她的。每次她試著問戴爾與誰去了哪裡和做了什麼事，他就會反駁並指責她想太多，還說她「瘋了」、「太黏人」和「多疑」。即使有越來越多的證據顯示情況不對勁，她卻漸漸懷疑起自己是否真的疑心病太重。也許內衣褲確實是她的？也許戴爾真的只是打電話給同事？也許戴爾的疏遠行為都是她的錯？她甚至還幫忙找藉口，戴爾可能只是需要更多獨處的空間。

她開始避免與戴爾對質，反而盡力取悅他，並努力成為付出更多、深情且百依百順的妻子。她壓抑著內心的疑慮，直到她某一天提早下班回家後，發現戴爾和隔壁鄰居躺在床上。

消滅煤氣燈效應的祕訣

如果你懷疑自己遭到心理操縱，可以求助於願意支持你的第三方人士，例如專攻從虐待中康復的創傷心理師。你要向第三方人士陳述某段關係中發生的事情，並寫下事情經過，重新連結你對當下處境的感知。在日記中寫下你的情緒、看法、感受和觀察結果——如此一來，你就能記錄已發生的每件事。

當你有疑慮時，我也建議你記錄一切，尤其是在工作場所遭遇煤氣燈效應更該如此。你可以把電子郵件印出來，保留簡訊的截圖，並儲存語音信箱。如果法律允許，你也可以把談話內容錄下來。與其嘗試從心理操縱者那裡得到解釋或認可，不如學會肯定自我。當你再度確定自己經歷的虐待事實後，你脫離自戀狂的康復效果便提升了。你要把焦點放在已發生的事實，別讓任何人替你改編事實。

反思紀錄：審視實際情況

從你的視角（不是心理操縱者的視角）寫下自己的故事，並從你的處境中思考上下文。當你記錄事件的進展，並陳述實際狀況時，你可以發現施虐者的行為有長期重複的模式，因此不該將這些行為視為特殊案例。然後，你可以依據自己被侵犯的權利，推斷出施虐者的真實性格和意圖，並證實自己的經歷，不必附和他的說詞。當你努力重建自信時，有助於減少自責並減輕認知失調的感受。以下是示範的日記內容：

範例：吉姆今天對我口出惡言，還侮辱我的長相，我已經好幾次要求他不要再對我這麼刻薄。他又這樣做，而且沒有向我道歉時，我覺得深受侮辱，也很無助。我斥責他之後，他都堅持說是我太敏感，開不起玩笑。我屢次要求他停止同樣的行為，但他每次都沒有把我的話當一回事。他繼續辱罵我，忽視我的感受，看來他一點都不在乎我的感受。

愛的轟炸、過早的親密關係和貶值的循環

「愛的轟炸」是邪教組織用來引誘成員的一種操縱方式，也常出現在與自戀狂建立的關係中，只不過這是個「一人邪教」。愛的轟炸包括過度奉承和讚美，以及持續關心和示愛，通常都是出現在一段感情關係、友誼或合作的初期階段。目的是使受害者在一開始就大量付出，受害者投入越多的心血，就越難離開這段關係，就算操弄者露出真面目後也一樣。

倖存者丹妮爾回憶說：「我們剛開始約會時，有一見如故的感覺。我們聊了好幾個小時，彼此的興趣和嗜好都很相似，我們交往一陣子後，他傳訊息說愛上我了，還說我是他的靈魂伴侶，遲早會跟我結婚。我覺得進展太快了，但又很怕失去這麼上進的新好男人。」

愛的轟炸是針對你最大的弱點和慾望：希望被看見、傾聽、注意、認同和珍惜。這種手段就像使你迷上自戀型伴侶的誘導性毒品。自戀狂利用愛的轟炸激發你體內的生物化學物質，讓你們之間形成緊密的連結，並在初期階段獲

取你的個資和隱私，以便更縝密地操縱你。愛的轟炸非常有效，心理學家亞倫（Arthur Aron）的團隊發現，兩個陌生人之間的親密關係，可透過互相詢問一連串越來越私人的問題而升溫。循序漸進且持續的雙向自我揭露過程，可創造緊密的連結感。

與自戀狂交往時，我們很容易在初期階段就投入大量時間建立「過早的親密關係」。他們會透露一些看似私人的事情（不論是謊言或實話），讓你放心地訴說內心深處的渴望，他們只要一從你身上蒐集到情報，便開始假裝具備你所期望的伴侶特質，讓你覺得遇到了難得心靈相通的對象。他們向你許下虛假的未來承諾，以婚姻、孩子和共同生活的願景為誘餌，讓你盲目地把時間、精力和財富，全部投入到這些永遠都不會實現的未來之中。

當受害者是還沒完全從失戀或創傷中走出來的人，或是生活充滿空虛感的人時，愛的轟炸更是威力驚人。醫學博士亞徹（Dale Archer）解釋道：「與自我形象很健康的人相比，新戀情為這些受害者帶來的多巴胺含量更高，因為進行愛的轟炸的操縱者滿足了他們無法自行解決的需求。」

一旦受害者上鉤了，惡毒者就不再尊重他們，這就是所謂的「貶低」。他們還是會定期給受害者一丁點理想化的願景，讓受害者更努力挽回這段關係的蜜月期。心理學家將這個過程稱為正面獎勵的「間歇性增強」，目的是引起受害者的反應（關於這種強化手法的詳細討論，請見下文）。每當受害者準備離開時，施虐者就會突然做一些「好人」的行為，使受害者產生自我懷疑，並誤判施虐者的真實本性。高敏感人很容易變成「愛的轟炸」受害者，因為他們的情感很豐富，能與惡毒者展現出來的興奮之情產生共鳴。

化解「愛的轟炸」的祕訣

對方在剛認識的時候就過度奉承你的話，就要抱持懷疑的態度。請記住，你們彼此其實並沒有那麼熟悉，即便他對你的讚美符合事實，全都是表面的。你還是可以客氣地接受讚美，但不必在不熟的人身上投入太多心力或資源。自然的伴侶關係會隨著時間過去而升溫，過程中有前後一致的尊重和可靠的證據，不會出現唐突的狂熱表現。你要努力提升自我價值感，學會愛自己，並增強自尊心，才不會輕易地受到惡毒者的誘惑和擺布。

放慢交往的步調，在約會初期請避免親密的肢體接觸，好好觀察他對你設定的界限有什麼反應。他尊重你的界限嗎？或者他很心急，催促你加快進展，甚至勃然大怒、想控制你？這些都是危險跡象。

你要相信的是經過時間考驗而建立的真誠感情，不該相信突如其來的化學反應。有人對你進行愛的轟炸時，別過度投入感情，也別以同等的熱情回應他。相反地，你該觀察他是否能以實際行動證明自己表裡如一，同時長期觀察他是否言行一致。你要提升自尊心，愛惜自己，放慢建立關係的速度。當你了解自己的價值後，就不需要依賴別人的讚美了。

反思紀錄：終止愛的轟炸

回想一位曾經對你進行過愛的轟炸，或目前正如此對待你的惡毒者。你該如何讓關係的進展速度慢下來？如果這段關係已結束，你當初本來可以採取哪些行動，與他拉開距離？例如不回覆他經常傳來的訊息、平日不與他見面、不急著與他有親密的肢體接觸。

間歇性增強

在虐待關係中，「間歇性增強」常成為操縱受害者的手段，使他們更努力爭取施虐者的認可。心理學家費爾斯特（Charles Ferster）與史金納（B. F. Skinner）發現，如果動物無法預測獎勵是什麼，或者偶爾才得到獎勵，則更有可能對刺激做出反應。比方說，老鼠發現獎勵是隨機給予的，而不是牠每次按壓控制桿後就能得到，那麼牠會更頻繁、更熱切地去按壓。同理，吃角子老虎機的玩家會為了獲勝而繼續玩下去。所以結論是什麼？看似得不到的東西，甚至是希望渺茫，你反而會更努力爭取。正如本書開頭提過的，與惡毒型伴侶建立生物化學的聯繫時，間歇性增強的作用會特別強大。

自戀狂深知這一點，於是利用間歇性增強的方式操縱受害者。他們把受害者困在虐待的循環中，偶爾會流露出一點溫情、關注、愛的轟炸與甜蜜感，確保受害者的心思都放在更努力獲得他們的認可，無暇去想怎麼離開有毒關係。畢竟施虐者要是一直很刻薄，受害者根本沒有理由留在他們身邊。

這種斷斷續續的示愛方式符合臨床心理學家卡佛（Joe Carver）提出的概念：「一丁點善意」（small kindness perception）。受害者經歷痛苦的虐待後，對任何形式的友善言行都會有更強烈的感受，甚至連「一小段沒有受虐的時間」都會讓他們欣喜不已。這是因為習慣生活於恐懼不安的人會認為「沒有恐懼」就是一種禮物。這就好比饑餓的人認為，麵包屑吃起來跟一整條麵包一樣美味。遭到虐待的受害者將偶爾的仁慈行為當成施虐者很慷慨的證據，誤以為這項特質代表施虐者的性格全貌，殊不知這只是虐待循環中的策略，於是受害者盲目地期待施虐者改過向善。

泰瑞的妻子蜜雪兒有嚴重的虐待傾向，不只會朝他丟東西，對他大吼大叫，還經常威脅說要把孩子帶走。泰瑞漸漸很害怕每次回家的時候都要承受她的怒氣。她的行為不可預測且反覆無常，經常處於生氣和不滿的情緒狀態。但，她有時候會維持平靜好幾天，並在難得不生氣的日子為泰瑞準備豐盛的餐點，不斷向他表達愛意，也會興奮地與他談論未來的計畫。他很珍惜那幾個平靜的夜晚，也感到自己與蜜雪兒很親近，甚至回想起他們初次相遇的情景——她非常迷人，兩人聊了好幾個小時，直到黎明時分。

不幸的是，蜜雪兒隔天就會故態復萌。雖然她的言行具有危險性，泰瑞依然對她抱持依戀感，也相信他們的緣分難能可貴。畢竟，當一切都很順利時，泰瑞真的感到很開心，只不過情況惡劣的時候也真的很可怕。泰瑞誤以為自己得要先承受逆境，才能享受順境。這就是施虐者利用偶一為之的正向言行，達成間歇性增強的效果，目的是使受害者形成創傷依戀，繼續留在受虐的循環中。

對抗間歇性增強手段的祕訣

當你注意到對方忽冷忽熱的行為周期時，要停下來思考並停止互動。別積極地回應他，以免鼓勵他回到「先作惡，再偽善」的循環。如果你認識的人突然做出一反常態的善行，讓你覺得欣慰，那麼這是危險訊號，你不該繼續培養感情。

與其討好言行不一的人，不如對不尊重你的人展現一貫的原則吧。根據不同的情況，你可以澈底與他斷交，或慢慢地退出他的生活圈。至於那些你已經給很多次改進機會的施虐者，不值得你一再容忍。直接放棄改造他們的使命吧，他們已經屢次向你展現出「絕不改變」的決心。即使他們看起來改過自新，你要記住：他們只是暫時變成你當初認識的那個人，目的是使你再度信任他們，以便繼續利用你。千萬不要上當，你要認清這個周期的本質：無止境的循環，總會回歸到作惡的起點。當對方忽冷忽熱，就是你永遠「冷漠以對」的時候了。

反思紀錄：遏止條件反射

請寫下你遇過別人忽熱忽冷的例子。他待你冷淡時，你有什麼反應（例如，我會一直打電話給他，希望能引起他的注意，但他都沒有回電）？你以後會做出什麼樣的新反應（例如：我不再與他互動，只把時間花在關心我的人身上，或做自己有興趣的事）？

糾纏不清

有些惡毒者看到你設立的界限或兩人關係宣告終結時，依然會反覆嘗試聯絡你，想藉此測試你的界限，看有沒有機會把你吸回昔日關係中的創傷漩渦。

糾纏不清的方式讓惡毒者能夠在生活中順便「監視」受害者。比方說，舊情人在假日傳訊息給受害者，試圖勾起過往快樂時光的回憶，目的是要求復合，又或者惡毒型母親對成年女兒施以冷暴力後，再透過電話噓寒問暖、聯繫感情。這種手段也可能經由第三方間接進行──他們會向你傳達施虐者的訊息（包括愛的轟炸、謊稱施虐者改過自新、貶低或挑釁你、捏造緊急情況或重大傷病、誇耀施虐者的新歡），或在社群媒體上監視你。

與一般迷思相反的是，惡毒者嘗試聯繫受害者時，糾纏不清的行為並不是出於思念或有愛意。研究發現，具有黑暗人格特徵的人（自戀、心理病態、表裡不一等）試圖與前任保持朋友關係，純粹是出於實用主義、性愛以及獲取資源等考量，並不是因為他們想念或者很愛前任，也不是因為他們領悟到自己的行為對別人造成傷害。因此，無論是在網路上或現實生活中，如果你遇到惡毒型前任要求「破鏡重圓」，千萬要當心。他們的意圖可能不像你想像的那麼單純。

心理學家法拉帝（Tony Ferretti）說過：「自戀狂很討厭失敗。只要他們還沒決定結束一段關係，就會盡力保持聯繫……他們與前任保持聯絡，很可能是為了取得重要的資源。他們也了解前任的弱點，於是加以利用和操縱。這樣做能讓他們有權威感和掌控感。」

自戀狂也會在網路上發布挑釁的文章，試圖擾亂受害者的心情。科技使他們能以更快且更殘忍的方式糾纏、跟蹤和騷擾受害者，惡毒者可以利用臉書、Instagram、推特和Snapchat，並且更容易取得新的電話號碼，甚至能在受害者的設備上安裝間諜軟體。

他們要求復合時，你懷著「這次會不一樣」的希望，卻無法重新掌握自己的生活，依舊落入自戀狂的魔爪。他們的想法是，如果能引誘你回應和互動，那麼他們也能誘騙你回到昔日的關係中。

終止糾纏不清的祕訣

你必須封鎖他們的電話號碼、電子郵件以及社群媒體的帳號。你也要遠離那些可能會幫忙監視你的共同朋友，包括網友和現實生活中的朋友。當然，自戀狂還是會藉由其他的方式糾纏你，例如：使用匿名帳戶、跟蹤（根據不同的情況，你需要蒐集證據並報警）等。

這種情況發生時，別屈服於糾纏的手段。你可以重新調整自己的假設，不再認定惡毒者回頭聯繫你是出於思念，反而要告訴自己：「他一點都不想我，只是想控制我而已。」你可以寫下一連串昔日的虐待事件，讓自己回想起受虐的事實，如果你發現這樣做會引起情緒波動，不妨尋求心理師的協助。如此一來，你不會與現實情況脫節，也不依賴虛假的承諾或幻想。對方要求復合時，你可以如此培養保護自己的習慣。

如果你迫不得已必須回應，盡力減少傷害即可。比方說，你得面對一起上班的同事或共同撫養孩子的前配偶，你只需要就事論事和言簡意賅。面對他們的計謀時，你要盡量保持冷靜。假設有虐待傾向的父親傳訊息問你要不要參加感恩節的家族聚餐，你可以回覆他不克參加，但不必向他說明細節，也不必屈服於他的情緒勒索或感到內疚。假設虛偽的前任在網路上發表了新對象的炫耀文，然後傳訊息讓你知道他們有多麼快樂，你可以截圖存證，做為日後他們主動騷擾你的證據。你也要封鎖他們的電話號碼和社群媒體帳號。請記住：「拒絕往來」並不表示你有意談判，也不代表你期待被對方說服。他們糾纏你時，千萬別回到過去的關係，請封鎖、存證並刪除聯絡資料。

反思紀錄：別捲入有毒的漩渦

你在哪些平台和媒體上與惡毒者保持聯繫？你該如何防止他們聯絡你，並保護自己的隱私，或減少糾纏不清的可能性？舉例來說，在兩人共同撫養小孩的情境中，你可以使用OurFamilyWizard之類的第三方應用程式，透過能記錄互動狀況的軟體溝通。至於社群媒體，你可以封鎖惡毒者並設定隱私，別公開顯示個人資訊。如果你遭到跟蹤或騷擾，要盡量蒐集證據，或許你未來會訴諸法律行動。

毒性羞辱

惡毒者無法操控你時，便會採取不當的羞辱方式，目的是向你灌輸恐懼感、責任感和內疚感，完全無視你是一個有不同觀點、偏好、需求和慾望的獨立個體。長期的羞辱會降低你的自尊心，研究證明，自尊心低落的人往往更樂於遵從別人的要求。因此，每當你沒有滿足惡毒者或自戀狂的慾望，他們只要更加過分地羞辱和批判你，你就越有可能想要努力達成他們的要求。

羞辱之所以奏效，是因為觸及了童年時期的重大傷痛，喚起了創傷心理師所謂的「內在批評家」（inner critic）。心理學家約翰．布雷蕭在《回歸內在》一書中區分了有益的羞愧與毒性的羞辱：「有益的羞愧能提醒我們，人皆有局限性。毒性的羞辱則迫使我們追求完美或喪失人性。」成年人遭到惡毒者羞辱時會感到內疚，即使指控毫無根據，成年人也會回溯到童年時期的強烈情緒和想法。

傑瑞德的哥哥班恩不斷向他借錢。每次他嘗試設立界限、讓哥哥明白他無法借錢時，都會遭到羞辱。「你真小氣，只願意把錢花在自己身上。」只要傑瑞德購買任何個人物品（例如一雙新鞋），班恩就會這樣批評他。事實上，傑瑞德在上周才剛幫哥哥付清了一筆高額的帳單。這就是一種操縱性的指控，用意是使傑瑞德對於設立個人界限有內疚感。

惡毒者說出侮辱人的話，是因為想讓受害者覺得自己才是問題的根源，高敏感人會將這些無中生有的羞辱放在心上，因為他們對別人的情緒很敏感，也很在乎別人的感受。別人的不當羞辱和批判會對高敏感人產生深刻的影響，尤其是如果後者從小在有虐待傾向的家庭中成長，他們被灌輸的觀念是：自我價值取決於得到別人的認同，以及迎合別人。

不被羞辱綁架的祕訣

當你遭到惡毒者羞辱時，要注意自己的心情是否受到影響。你可以先自然地深呼吸，像海綿一樣吸收這些羞辱，接著想像自己將這份恥辱丟還給羞辱者。你可以在心裡說：「這不屬於我，而是你的！」別衝動地嘗試獲得他的認可，或迎合他的需求。相反地，當你經歷情緒閃回（也就是回溯童年的創傷和情緒），你更是要意識到這一點，並把握機會治癒內心的傷口。

你在療癒心理創傷時，應該給予自己更多的同情心。臨床心理學家塔拉·布萊克設計出有助於療癒傷痛的「RAIN技巧」：認出（Recognize）現在發生的事情；容許（Allow）生活順其自然地發展；以平靜的心態觀察（Investigate）；對自己進行愛的滋養（Nurture）。你可以把手放在胸口或臉頰，說出肯定自我的話，例如：「我愛你。你不該承受那些可怕的遭遇，你值得遇到美好的事。你受盡了委屈，我為你感到難過。我就在這裡支持你，接受你，認同你。」

當你學會接納、肯定、欣賞、關心及疼愛自己後，就能在自己與別人的羞辱手段之間建立穩固的屏障了。這樣做還能減輕你因昔日創傷所擔負的自責感，請用自我關懷汰換掉這些羞辱吧。

反思紀錄：與內在小孩對話

請寫下你小時候第一次覺得被羞辱的情況。如果你發現這樣做會引起情緒波動，可以找諮商師共同完成這道習題。你回憶那些情景時，要把自己想像成當時那個天真又無助的孩子。你可以對這個孩子表達愛和同情，友善地跟他說說話，讓他知道你隨時都能提供幫助，他不必再感到羞愧。你也可以提醒他，遭受虐待並不是他的錯，他只是一個無辜的受害者。

投射

惡毒者時常將自己的缺點和問題轉移到別人身上，而此舉是一種叫「投射」

的防衛機制。如果說，羞辱手段與羞辱者本身的羞恥感有關，那麼投射則是惡毒者不想對自身負面行為與特質負責任的方式，所以將這些特質和行為轉嫁給了別人。雖然一般人多多少少都有投射行為，但專門研究自戀人格的臨床專家馬丁內斯—萊維博士（Linda Martinez-Lewi）表示，自戀狂的投射行為往往是出於心理上的虐待傾向。他們利用有惡意的投射效應，故意恐嚇受害者，並將受害者塑造成加害者。她寫道：「隱性自戀狂經常突然發怒、侮辱別人、刻薄地大肆批評，使配偶陷入不愉快又可怕的處境。他們的伴侶或配偶在心理與情感層面都持續困在牢籠中。」

在自戀狂扭曲的世界中，充斥著顛倒是非的行為。他們把聰明的成功人士形容成懶惰或愚蠢的人，還斥責這些人很自負（自戀狂都是自大的利己主義者，所以這種投射行為實在很可笑）。他們不但在言語上虐待伴侶，把善良、有成就之人描述成缺乏吸引力的人，還說那些心中有愛、富有同情心和善解人意的好人都是怪物，也老是汙衊忠誠的人是不忠的騙徒。

自戀狂讓你以為自己是很惡劣的人，但你其實是善良、漂亮、聰明、成功又有憐憫心的人。他們的邪惡投射與你無關，只與他們的本性有關。如果你細心傾聽，就會發現他們從你身上看到的特質，其實就是他們沒有注意到自己具有的部分。

琵豔卡的反社會男友納森經常指責她劈腿，但其實他自己才是私下劈腿好幾個女生的人。他經常查看琵豔卡的手機，想尋找她與其他男生聊天的線索，還會突然到她的住處「捉姦」。直到她發現納森有好幾個用來約炮的交友帳號，以及與多名女性進行危險性行為的紀錄，才終於與他分手。

喬治的自戀型老闆經常斥責他缺乏創意，每次在會議上分享自己的想法時，老闆都批評他沒有創造力。但老闆後來抄襲了他的點子，還大言不慚地說是自己想到的。事實上，這位老闆一直都有搶走員工點子的不良紀錄。

貝絲的室友雀兒喜是個混亂製造者——她經常為了芝麻小事起爭執，也時常醉醺醺地回來挑釁貝絲。當貝絲委婉地告訴雀兒喜，無法再忍受同居的心理壓力，並希望她搬出去時，這位室友卻指責她小題大作。

對抗投射的祕訣

惡毒者對你進行投射時，你可以想像他們其實是在談論自己，千萬別認同這種投射。比方說，自戀型前配偶說你是很糟糕的家長時，你要意識到他實際上是在說自己——他才是糟糕的家長。惡毒型朋友批評你單身時，你要明白他只是將自己的感情不順投射到你身上。你不必接受任何人的投射，但要看清投射的本質。當你開始反覆思考別人的侮辱時，便要想像自己將這份恥辱還給他們。

你可以在心裡詮釋自戀狂真正傳達的意思，尤其是他們失控地嫉妒你時。別直接讓自戀狂知道你的解讀結果，因為這樣做很可能讓他們勃然大怒。你只需要靜靜地在心裡完成這道習題即可。舉例來說，自戀狂告訴你：「你總是反應過度，你真是個憤世嫉俗的人！」請記住：自戀狂只要認為有事情冒犯到他，就會大發雷霆，這麼一來，真正反應過度的人究竟是誰呢？誰才是真正憤世嫉俗的人？你可以在內心詮釋他實際表達的意思。再舉個例子，他貶低你的成就時，你可以詮釋成：「我嫉妒你得到的成就，你的成功威脅到了我的優越感。我一定要讓你覺得自己不重要，這樣我的心裡才會舒坦一點。」

以下還有幾種具體的方法，能幫助你克服投射效應：

蒐集一些質疑投射行為的證據。請記住，富有同理心者給你的回饋很有用。比起正面思維，人類的大腦傾向於保留負面思維，這都是為了在生存的環境中對抗威脅所形成的機制。人類對負面事件的反應更強烈，因此受到的影響也更深刻。研究指出：「比起好心情、好父母以及正面的評價，壞心情、糟糕的父母以及負面的評價具有更大的影響力……比如，獲得五十元只讓你覺得有點高興，但失去五十元會讓你非常失望。」

另一項研究提到：「即使只是一個負面的詞彙，也會增加杏仁核的活動。杏仁核負責處理恐懼和焦慮。保持情緒的平衡是很重要的事。」也許有更多的證據是你沒有想到的，因為你的「求生大腦」會把自戀狂的負面批判視為事實。你需要回憶，並記下能反駁自戀狂投射的有益回饋和事實，然而這樣做是為了你自己，不是為了自戀狂。

你可以寫下自己的成就、得到的讚美和事實，用來反駁自戀狂的片面之詞。你也可以製作錄音檔，用來回憶自己引以為傲的事情，又或者是製作貼滿照片的布告欄，用來捕捉生活中的快樂時刻。此外，保存讓你感到愉快的簡訊、電子郵件、社群媒體留言的截圖，以及更多能證明自己真實本性和能力的東西。

每當你懷疑自己的時候，可以一再回顧這些證據。當你在心裡回味自己得到的讚美、成就和正面經驗，就已經反駁了自戀狂的卑鄙批評。重新調整自己的心態，記住正面的回饋，別理會自戀狂的病態嫉妒型投射行為。

重新訓練你的潛意識，學會肯定自我，並將痛苦轉化為成功。冥想、正面的肯定話語及催眠，對重新審視自戀狂灌輸給你的錯誤觀念有很大的幫助，尤其是使你質疑自己的消極部分。研究證實這些療法對情緒調節、緩解焦慮及提升自我價值感都有正面的影響。我們將在本書的最後一章更詳細地探討這些療法。你可以將自戀狂的貶低當成一種動力，透過重建自己的生活、目標及夢想來證明他們說錯了。一旦你學會肯定自我，並懂得將自己遭受的痛苦轉化為好處，就可以成功克服自戀狂的邪惡投射。

如果你需要在無法避免的情況下回應自戀狂的投射行為，務必簡明扼要。你可以先冷靜地說：「你其實是在描述你自己，而不是我。」然後就不再與他交談。你要知道，自戀狂不太可能承認投射與自身大有關聯。這就是為什麼你更應該把時間用在肯定自己，並看清投射的本質：自戀狂試圖把他們本身的問題丟給你。

反思紀錄：解讀惡毒的投射

請先寫下惡毒者侮辱過你的例子，接著寫下你如何詮釋這些投射。請注意解讀的過程如何轉變你的行為和心態。範例如下：

1. **自戀狂對我說：**「你太自以為是了。你真自私！」
2. **你的解讀：**「我很自負且自私。我不想看到你那麼有自信並設定界限，因為我覺得失去掌控感、權力以及你對我的關注，所以我寧可讓你產生內疚感。」
3. **你的行為變化：**既然我知道自戀狂試著用責怪的方式，阻止我設立界限和增強信心，我現在更有動力去履行這些事了。

請盡量多加練習，並觀察自己對自戀狂的羞辱是否有不一樣的看法，順便揭開他們的潛藏動機。

苛求、挑剔及找碴

苛求是控制慾極強的惡毒者採取的手段之一——嚴格檢視你做的任何事，包括嚴厲地批評你的外表、個性、生活方式、成就、才華、工作態度、選擇等。自戀狂認為其他人都是應該被抨擊的對象。你是獨立的個體，有自己的偏好、意見和世界觀，自戀狂卻大肆羞辱你的存在，目的就是要使你走向毀滅。臨床心理學家雪利（Simon Sherry）接受採訪時，便提到苛求是一種自我陶醉的完美主義形式，對別人有害且具有破壞性：「他們的批評無止境。只要你達不到他們的崇高標準，他們就會以嚴酷的方式猛烈抨擊你。」

苛求是自戀狂用來擾亂別人情緒的策略，企圖達到殺人不見血的效果。他們的能力通常遠遠低於自己為別人設定的超高標準。如果你下意識地從自戀狂的苛求角度看待自己，就無法感受到穩定的自我價值感，也無法為自己的成就感到快樂。苛求，讓他們能夠扭曲你的自我認知、自尊心和自信心。例如，自戀型母親不斷挑剔女兒的體重，日後可能導致成年的女兒有自殘行為和飲食失調問題。苛求甚至會導致自殺念頭，尤其是受害者在脆弱的童年階段就承受著這股巨大的心理壓力。

有建設性的批評通常能幫助你變得更好，但懷有惡意的批評則是用來摧毀你的自我意識。或許，有益與有害的批評之間的最大區別在於：是否存在人身攻擊和不可能達到的高標準。心懷惡意的批評者一點都不想幫助你進步，一心只想操縱局勢，害你失敗。他們需要找藉口挑剔你，阻礙你成功，並不擇手段地讓你背黑鍋。

無論你做或不做什麼事，惡毒者「找碴」時，總會想盡辦法找到指責你的理由。即使你已盡力滿足他們任性的要求，也提出實質證據，他們還是會繼續提出下一個期望，要求你提供更多證據，或要求你實現另一個目標。找碴的手段會不斷改變，甚至每次都互不相關，自戀狂的意圖純粹是要讓你更努力爭取他們的認可。

惡毒者每次都提高期望的標準，或突然改變要求，讓你以為自己很沒用，永遠都覺得自己不夠好。自戀狂通常會重複提起無關緊要的事實，或過度聚焦於你做錯的事情，使你的注意力離開了自己的優勢和成就，轉移到無中生有的瑕疵。

他們希望你執著於自己的弱點，也希望你把心思放在達成他們的下一個要求。即使你盡力滿足他們的所有需求，你會發現這樣做並不會改變他們對你的虐待。

克服別人找碴並接納自己的祕訣

面臨別人找你麻煩的對策，就是肯定自我——從內心培養充分的自我價值感。你不必向任何試圖貶低你的人證明自己。如果你發現別人不斷要求你證明自己，這便是他操縱你的危險跡象。別理會吹毛求疵的負評和變化多端的找碴陰謀。如果有些人不承認你努力驗證的觀點，或不認可你為了滿足他們而付出的心力，請記住：他們的動機並不是更了解你，或提供你關於如何改進的回饋，純粹只是想要刺激你，因為他們覺得自己高高在上。你要肯定和認同自己，並告訴惡毒者：「我已經達成你原本的期望了。我不想進一步向你證明自己。」以下是你可以做的其他事：

- 找諮商師改善你的負面認知系統。
- 將催眠療法當成輔助工具，讓自己吸收更有益的新觀念。
- 整理一下你目前聽過別人讚美你的話，以及對你說過友善的話，尤其是與惡毒者侮辱你的事物有關。這個清單能幫助你明白有多少心智健全的好人支持著你。你也能因此記住，惡毒者羞辱你就是要讓你變得沮喪。若要克服別人找碴並接納自我，你需要先振作起來。

- 列出肯定自己的正面話語，然後開始每天對自己說這些話，減少疑慮和不安。你也可以用手機或錄音機將這些話錄下來。放大音量，聽清楚自己錄的聲音，或採取勵志書作家露易絲．賀的建議，錄下親愛之人對你說的話。這樣做能有效地重塑你的自我認知，防止你陷入負面的自我對話，也能減輕自戀狂的貶低所造成的影響力。

無論是在工作場所或戀情中，你都不該持續覺得自己有缺陷或沒有價值。不要被別人挑毛病的行為影響，你要專注於自我價值感，因為你已經很棒了。

反思紀錄：對抗批評的肯定話語

每當你對別人的批評耿耿於懷，可以寫下一些肯定自己的話。例如，你想起惡毒者對你的攻擊外貌，那麼可以寫下：「我既有內涵，又長得好看。」每次想起那件事時，不妨就回顧這句話。過了一段時間後，這種做法能重新調整你的思維，讓你相信自己寫的話，不再受困於惡毒者的批評謾罵。

破壞性制約

惡毒者會以虐待、打壓和不尊重你的方式，針對你的優勢、才華和快樂回憶做出回應。他們利用我所謂的「破壞性制約」，使你把愉快的時光、興趣、熱情和夢想，與他們施加的殘酷懲罰聯繫起來。這就是心理學家所謂的「正向懲罰」形式——加入令你反感的後果，阻止你做出特定的行為。當你一再因為取得成果而受到懲罰時，便漸漸受到「負向強化」模式的影響，因而避開與自戀狂的懲罰有關的目標，以期獲得安全感或不再受到他們的打壓。你逐漸被訓練成害怕做那些自己本來會感到快樂和發揮才華的事情，同時不再跟其他朋友和家人聯繫，最終變成在情感與財務方面都很依賴惡毒者。

一旦關係的蜜月期結束，惡毒者就會暗中或公然貶低那些他們曾高度讚賞的特質，一腳把你踹下神壇，將你貶得一文不值。他們也會破壞節日、假期、生日、周年紀念日以及特殊場合的美好氣氛。

在你感到歡欣的時刻，自戀狂會澆熄你的熱情，破壞你的興致，藉此控制你，比如說孩子的生日派對或慶祝近期的事業成功。當你與伴侶分享令你興奮的消息，卻免不了受到懲罰或被潑冷水時，你就會對本來應該值得慶祝的事情興致缺缺。企圖把你的注意力從人生大事或成就轉移到自戀狂身上，反應出他們有著時時想變成關注焦點的病態需求。

來看看一些現實生活中的倖存者，在本來應該享受喜悅的時刻遇到了以下情況：

布魯克：「爸爸破壞了我生活中的每一場慶祝活動，強迫大家把注意力放在他身上。從高中、大學到研究所的畢業典禮，甚至在寶寶的誕生派對和祈福儀式中，他都這樣做。」

阿曼達：「媽媽每次都在連續假期找藉口對我們發脾氣，所以我們都不喜歡跟她一起過，在外人眼中我們大概像一群不孝子。她也沒有參加我的高中畢業典禮。她批評我的寶寶誕生派對辦得很俗氣，我還得千拜託萬拜託她才肯出席。她在我們這些孩子的婚禮上都鬧過脾氣，甚至威脅要在婚禮中途離開……類似的情況太多了，媽媽不希望我們感到快樂，也不允許我們擁有屬於自己的快樂時光。」

梅根：「我訂婚的那一陣子，大家都會注意到我的訂婚戒指，這讓繼母很不高興，立刻就自己跑去買了兩克拉的鑽戒。我提到心中的夢幻車款是深綠色的Grand Cherokee吉普車後，她在一周內買了這款車給她自己。」

瑞秋：「在每個節日或重要的日子，老公都會大發脾氣或口出惡言，氣氛都被他破壞了，每一次都是這樣。他在母親節侮辱我，或是有次我在聖誕節不小心打開了別人寄給他的包裹，他就拿禮物丟我。我不想在晚上沒有燈光的時候沿著陡峭的懸崖走到海邊，他就狂罵我……」

自戀狂喜歡摧毀任何影響到他們掌控你的事物。他們有病態的嫉妒心理，不想讓任何事情阻礙他們對你的影響力。畢竟，一旦你發現除了他們之外，你還可以從別的地方獲得認可、尊重和愛，那麼還有什麼理由能阻止你離開呢？陰險型惡毒者認為，一點點制約手段就足以使你如臨深淵，因此你無法實現遠大的夢想。

破壞性制約使你的內心產生了無助感，導致你在順遂的生活中也有恐懼感，時常擔心惡毒的父母、伴侶、兄弟姊妹、朋友、同事或老闆奪走你的一切。破壞性制約讓你覺得任何快樂的來源都有可能被毀壞，或從根本上遭到玷汙，或以不公正的理由被剝奪。

對抗破壞性制約的祕訣

當你能夠追求自己的目標，同時面對實現目標後遭到自戀狂懲罰的恐懼感，破壞性制約的效果便會消失。你可以列出過去遭到自戀型施虐者玷汙的成就、快樂回憶及其他的喜悅來源。接著，寫下他們如何阻礙你、你的感受，以及你經歷這種破壞性的遭遇後有什麼結果。然後不妨想一想有哪些方法，可讓你在不受制於自戀狂的情況下，重新找回快樂的泉源。以下是一些例子：

- 自戀型朋友經常貶損你的理想事業，你可以思考實現事業目標的方法。
- 惡毒型父母總是破壞你的慶生活動，你可以培養的習慣是只邀請支持你的親朋好友共同慶祝。
- 別讓自戀狂知道你即將迎接的快樂事件或成果。

- 你可以定期舉辦特別的慶功宴，但不邀請惡毒者。

重新調整自己的心態，將有益身心的自豪感和愉快心情與自戀狂從你身上壓制的熱情、愛好、興趣、抱負及成就聯繫在一起。你應該為自己取得的成果感到歡喜，不要讓別人的病態型嫉妒心理偷走屬於你的東西。

反思紀錄：慶祝你的成就

請寫下你引以為豪的三件事。如果能根據以下的各領域列出這三件事，會對你很有幫助：

- 工作和學術領域
- 社交生活
- 個人成長
- 育兒或其他人際關係中的責任
- 生理健康
- 心理健康

請在每個項目的旁邊，寫下你曾經慶祝該成就的方式，並想出至少一種你現在可以慶祝和獎勵自己的方式。

抹黑

陰險的掠奪者會散播不實的謠言，妨害你的名譽，並降低你在別人心目中的可信度。抹黑是一種先發制人的打擊手段，目的是摧毀你的後援人脈。唯有你下定決心與惡毒者斷絕往來，才能避免被抹黑。他們會在背地裡說關於你的閒話，在自己或你熟識的人面前誹謗你。他們也會在編造的故事中把你描述成施虐者，自己卻像個受害者，然後對外表示很擔心你把惡行的責任推卸給他們。

此外，他們經常厚顏無恥地說謊，散布謠言，或假裝提供有益的建議，使別人質疑你的理智和品格。他們甚至會捏造假證據，並有條不紊地故意挑釁你，目的是以此做為你情緒不穩定的證據。

這種心理操控的宗旨在於操弄你在大眾眼中的形象，以便確保沒有人相信你遭受虐待。惡毒者如果無法控制你看待自己的方式，就會開始控制別人看待你的方式。他們假裝自己才是受害者，害你被貼上惡毒的標籤。施虐者為了把你塑造成真正的施虐者，願意花很多時間，如此才不會被追究責任。

他們甚至會跟蹤和騷擾你或你認識的人，想盡辦法「爆料」關於你的私人資訊。這種做法是為了隱藏他們的虐待行為，然後嫁禍給你。有些抹黑行動甚至導致兩個人或兩個群體彼此勢不兩立。虐待關係中的受害者通常不知道自己被說了哪些閒話，但最後都會發現加害者散播的可怕謊言。

抹黑可能發生於戀情、工作場所、社交圈、社群媒體以及大家庭中。常見的例子包括：有病態型嫉妒心理的同事向老闆打不實的小報告，目的是排擠對自己的晉升之路有「威脅」的對手。當自戀狂滲透到掌握權力的高層時，他們有可能對自己認定的競爭者造成更大的破壞。

聯邦調查局的前犯罪心理分析師喬・納瓦羅在《FBI教你認出身邊隱藏的危險人物》中寫道：「在高階管理階級或需要高度信任的職業中，自戀狂非常多。他們往往有違法行為並濫用權威，能造成嚴重的負面後果。」一個人擁有的權力越大，欺負受害者的抹黑行動所造成的破壞力就越大。抹黑形成的傷害難以消除。

對抗抹黑的祕訣

如果遭人抹黑或誹謗，請持續堅守真理，讓你正直的人格證明一切。遭遇不合理的指控，你只需要陳述事實。最好的報復方式就是過好自己的生活，只與值得信賴的人重建社交網絡，繼續邁向成功。別再與支持自戀狂的人打交道，他們以後就會發現自己選錯邊了。你沒有說服他們的義務，同時把握這個機會，看清楚誰才是你真正的朋友。

儘管做起來很難，但你的情緒不該在公眾場合太激動，因為自戀狂會利用你的情緒反應，把你描述成「瘋子」。你要專注於可以對抗抹黑的法律行動，並盡量仔細留存你受虐的證據，因為以後可能需要提告。你也可以研究誹謗的相關法規，並求助了解高衝突人格者的律師。

在最艱困的時期，你可以建立健康的人脈支持網絡，理想的組成條件是成員中包含了解人格障礙的心理師，以及其他能理解你的遭遇的倖存者。這些成員皆為真誠又可靠的人，而且他們都會支持你——在這裡沒有任何惡毒者，也沒有支持惡毒者的人。當你遭受抹黑時，最不需要的就是進一步受到心理操控、被否定或再度受創。

有些讀者問我：「我應該向大眾揭發自戀狂的真面目嗎？」一般而言，獨自對付他們具有危險性，我建議你優先考慮自己的安全，並請教律師和心理健康專家的意見，全面討論個人的情況。公開揭露惡毒者有潛在的負面後果，而且他們可能會以誹謗的方式報復你——即便你所說的一切都是事實。

請記住，惡毒者通常都很有魅力，也得到社會上許多人的支持。雖然有一些溫和型惡毒者會因為害怕被揭發而選擇中途收手，但是陰險型惡毒者非常殘酷，甚至不惜殺害嘗試揭發他們的人。這些掠奪成性的人哪天轉頭攻擊原先的支持者時，真實的本性就會流露出來，因此你不必耗費精力揭露他們，除非你有充分的證據、安全感以及做這件事的動機。但你要先確定自己已經認真思考了揭發真相的利弊。

有些人認為，避免遭到報復和個人安全的問題比揭發作惡者更重要。有些人則認為，揭露真相能防止其他的潛在受害者落入陷阱，甚至能與以前的受害者團結起來，共同對抗同一位惡毒者。是否該揭穿真相，取決於你的具體情況，但不管怎麼樣，個人安全才是首要考量。你需要特別注意的是，重新把注意力放在重建自己的信譽、治癒自己、贏得社會的支持，並實現個人目標。

反思紀錄：是朋友，還是敵人？

想一想你目前的人脈支持網絡，由哪些人組成？在你被抹黑的期間，哪些人疏遠你或拋棄你（他們露出了真面目）？你也要注意誰支持你，因為這些人才是你的真朋友。如果你的整個人脈網已經失去作用，那就從現在開始建立新的網絡，同時辨別潛在的真朋友。你可以尋找當地的互助團體、社交管道、心理師或家暴防治中心。

三角關係

三角關係指的是將第三人構成威脅的意見、觀點或存在感帶入關係互動中，通常用於認同惡毒者的虐待行為，並否定受害者對於受虐的反應。三角關係可能發生於各種情境，用途是暗中破壞和霸凌。

- 戀愛中的三角關係使你的情緒失控和失去安全感。
- 自戀型父母挑撥自己的兩個孩子，導致他們進行無端的比較，形成手足之爭。
- 精神病態者在社交圈中使某人誤以為別人說他的壞話，導致這群朋友彼此反目。
- 在職場上，惡毒者向老闆報告關於某同事的不實消息，阻礙這位同事獲得應得的升遷機會。

戀情中的三角關係不只是為了保有控制權，也是為了引起嫉妒心理。惡毒者喜歡利用三角關係，控制你與陌生人、同事、前任、朋友及家人之間的互動模式，讓你覺得不安。他們也會利用別人的意見來證實自己的觀點，然後使你質疑起自己是否真的遭受虐待。

自戀狂喜歡利用三角關係和建立「後宮」，讓自己看起來像大受歡迎的人，似乎有許多好朋友可供他們挑選，但這有可能只是表象。暢銷作家羅伯．葛林在

《誘惑的藝術》（*The Art of Seduction*）一書中，鼓勵誘惑者與朋友、舊愛以及目前的追求者建立三角關係，激起他們的競爭心理，提高自己的價值。這種創造競爭氛圍的手段，使被誘惑者執著於「贏得」誘惑者的關注和感情。葛林寫道：「幾乎沒有人深受不討喜的人吸引，許多人都會圍繞在有魅力的人身邊。若要引誘受害者接近你，並使他們渴望擁有你，你就要創造出眾星拱月的氛圍——許多人都追捧你。」

自戀狂經常談起前任、約會過的對象，或很明顯「迷戀」他們的人，藉此塑造三角戀情（當然，你後來會發現這些受害者都被自戀狂恐嚇過）。在你們認識初期就出現極端三角關係是危險跡象，預示著你會在未來遭到操控。比方說，對方在第一次約會就詳盡地跟你聊起前任、他感興趣的對象、正在追他的愛慕者，或者是他會跟周圍的人大膽調情，那麼你就要注意這是明顯的危險跡象，而且他非常不尊重你。

三角關係是一種聲東擊西的手段，意圖是使你的注意力從虐待行為轉移到他充滿吸引力的虛偽形象。「後宮」證明了自戀狂的社交模式。如果你是唯一對他有意見的人，你可能會認為問題出在自己身上，但事實是別人都忽視了他的問題，就像《國王的新衣》的寓意。

操弄者會利用三角關係達到許多目的，包括抹黑、煤氣燈效應、滿足自戀心理。這種手段使你質疑自己，比方說丹妮卡認同賈斯汀的想法，他們都認為你瘋了，那麼你的想法就是錯誤的嗎？事實是，自戀狂很喜歡找人聊關於你的八卦和編造謊言。

對抗三角關係的祕訣

為了抵制三角關係這項手段，你要意識到：無論自戀狂正在與誰建立三角關係，那個人其實也捲入你與自戀狂之間的關係。你與他都受到自戀狂的操縱，因此你們沒有必要互相對抗，也不必努力贏得自戀狂的認可或關注。你可以從不受制於自戀狂的第三人那裡尋求支持，並肯定自我，努力提升自尊心，對自戀狂進行反向操作。

愛自己及培養獨一無二的自我價值感，能有效防止你進行不必要的比較和負面的自我對話。你可以評估自己有哪些獨特的討喜之處。別人通常最先注意到你身上的哪一點？你要學會以不同的視角及別人欣賞你的眼光看待自己，盡量不要與別人比較。

突破三角關係的方法就是不參與其中。健康的伴侶會努力讓你感到被珍惜和充滿安全感，但是有害的伴侶會滋生不安的氛圍，並將你列入後宮的一員。真正與你相配的伴侶，根本不需要你參與競爭。你應該要完全脫離鬥爭，避免較勁，並重視自己的獨特性。

反思紀錄：獨特的你

請寫下你具備的十種「與眾不同」的特質或優勢。第一次遇見你的人，通常會發現你和你的生活有什麼特別之處？請以別人欣賞你的視角看待自己。

先發制人和病態型說謊

披著羊皮的狼是偽善者——對外展現高尚的情操，使別人以為他們是有道德感的君子。如果有人強調自己是好人，想說服你立即信任他，或主動強調自己有多麼可靠，那麼你要特別注意這個人的品格。國際知名的安全專家蓋文・德・貝克著有《恐懼，是保護你的天賦》一書，他認為這種行為是「不請自來的承諾」。掠奪者會利用假承諾降低你的戒心，然後欺凌你。

有虐待傾向的人會過度強調自己很善良、忠誠、誠實及富有同情心，並向你保證永遠不會說謊，卻沒有先建立穩固的信任基礎。這種先發制人的意圖是預防你以後起疑心。在你們建立關係的初期，他們假裝具有高度的同情心和同理心，直到後來你才會發現他們的假面具和不良企圖。在虐待的循環中，當你處於被貶損的階段時，你偶爾會看到他們露出真面目，顯現恐怖的算計和輕蔑態度。

真正善良或誠實的人，很少誇耀自己的正面特質。他們帶給人溫暖的感受，言行一致。他們明白「坐而言，不如起而行」的道理，也明白信任和尊重是雙向的互惠關係，光說不練是沒有用的。

自戀狂、反社會人格者以及精神病態者，都是與生俱來的病態型說謊者。臨床心理學家西蒙表示：「控制慾很強的惡性自戀狂說謊，是為了保持領先的優勢……他們不想讓你知道他們的真實本性，也不想讓你發現他們的計謀。他們只想追求權勢、主導地位和控制權。說謊能讓他們達到目的並占上風。」

這些謊言有可能是顯而易見的，也可能含糊不清。倖存者唐娜告訴我：「自戀狂施加在我身上最卑鄙、最不容易察覺的虐待方式，就是製造困惑！他從來不說出所有的實情，他說的話永遠都是半真半假，但我總覺得他的敘述中少了什麼。」這種病態型欺騙，在商業界的反社會領導者身上很常見，例如新創公司Theranos的執行長伊莉莎白．霍姆斯騙取幾十億美元的資金，用於研發新型的血液檢驗工具，然而她宣稱的創新技術並沒有達到預期的效果。她利用個人魅力結交了一批非常具有影響力的有錢人，騙取他們的信任、投資一家對公眾健康造成危害的公司。據說，她甚至為了顯得更有影響力，說話時會刻意壓低自己的嗓音。她說過無數的謊言，戴著虛偽的面具，有好長一段時間涉足詐欺，卻沒有被別人發現。

自戀狂精心編造謊言，不只是為了進行金融詐騙，也可能是為了欺騙別人的感情。他們通常在公開場合和私底下是截然不同的形象，並隱瞞層出不窮的緋聞或劈腿。

應對先發制人和病態型說謊的祕訣

你要留意對方先發制人的行動。如果他剛認識你沒多久，就刻意聲明自己絕對不會說謊，那麼你要思考他為什麼覺得有必要說這句話的原因。別全然相信他的說法，你要思考、探究他為什麼如此強調自己具備優良的特質。是因為他發覺你不信任他嗎？還是因為他明白你本來就不該信任他？你要相信的是行為模式，而非空洞的言辭。你也要觀察他的行動背後有什麼動機，不能只相信他單方面的說詞。

除非對方長期下來都表裡如一，否則不要盲目相信他。在所有的人際關係初期，無論是戀情或商業合作，你都應該保持客觀。這樣做能幫助你注意到矛盾之處和危險跡象。你要留意那些會「分次」告訴你真相的人，這表示他們只會讓你知道部分的真相，同時省略很多重要的細節。如果你很容易受制於煤氣燈效應，我建議你寫日記。每次你遇到新的伴侶、朋友或雇主後，將不合理的蛛絲馬跡寫下來，這樣做能幫助你留意直覺和傾聽心聲。

記得保留你的紀錄，包括你懷疑的謊言、有利的證據等。此外，對方若有可能是病態型騙子，先讓他講述事情發生的經過，你再進一步詢問相關的問題，並觀察他是否願意吐露實情或者會露出馬腳。

請記住，在沒有其他人監視的情況下，披著羊皮的狼更容易露出真面目。如果對方有暴力傾向或攻擊性，別讓他知道你掌握了能揭發他的資訊。你反而要與他保持距離，制定個人安全的計畫，並盡快與他斷絕往來。採取旁觀者的立場，別先入為主地責怪他，以便長期蒐集更多與他品格有關的資訊，尤其是對方在不知道你握有證據的情況下，是否願意向你坦白。向對方揭露他的真實面貌與展現的形象之間有何差異，並不是你的責任。

反思紀錄：言辭、行動及模式

你可以先觀察惡毒者的言辭、行動和模式，然後寫下他對你做出的承諾，並記錄他說的這些話與哪些行動產生矛盾。接著，寫下你從他身上注意到與承諾有關的重要模式——似乎能證明他聲稱的意圖是謊言的矛盾之處。如果你想要，也可以補充自己的結論。請參考下方的範例：

言辭：他說過永遠不會對我說謊。

行動：他私下與某個女生交往。

模式：他從以前就有病態型說謊的問題，會利用魅力和謊言讓我措手不及。

結論：他是病態型騙子，事先向我證明他值得信賴。但他並不值得我信任，也不該出現在我的生活中。

無意義的爭辯和話題轉移

陰險型自戀狂利用各種話題轉移的方式，讓你招架不住，常見的手法包括：

人身攻擊和人格詆毀：自戀狂無法針對你的論點或想法提出合乎邏輯的辯駁時，便會轉而汙衊你的人格。他們利用循環推理[6]（circular reasoning）、侮辱、

6 為一種邏輯謬誤，指論點的真確性最終由自身支持的推理方式。例如：A是美食家，因為他很懂吃。怎麼證明A很懂吃？因為他是美食家。

投射以及煤氣燈效應，使你感到困惑。萬一你的意見與他們不同，或者提出質疑，他們就會誘使你分心。此舉的意圖是害你的名譽掃地，讓你困惑又挫敗，並將你的注意力從主要問題轉移到別處，使你對於擁有不同的想法和感受而覺得羞愧。

如果你曾經花十分鐘以上與自戀狂爭辯，應該很納悶這場爭執是怎麼展開的吧。你只是不認同他們的說法，他們就開始批評你的童年、家庭、朋友、道德、職涯和生活方式。這是因為你提出的異議挑戰了他們的錯誤想法——他們認為自己無所不能、無所不知，你對他們浮誇的自我意識和優越感構成威脅，他們不想理會你的回饋，便直接對你進行人身攻擊。

如何應對人身攻擊：最佳的回應方式當然是不予理會，但如果你不得不對自戀狂的攻擊做出反應，千萬別屈服於他們分散注意力的手段。你要繼續重申事實，讓他們知道人身攻擊與事件本身無關。可以的話，就直接結束對話，你沒有義務要教導一個成年人如何成為正人君子。請記住，惡毒者並不是找你爭論，基本上他們是在和自己爭論，你只不過是在聽他們講述那些冗長又乏味的獨白的聽眾。他們很需要戲劇性的場面，並且很享受自己製造的混亂。每次你嘗試反駁他們的荒謬主張時，都是在滿足他們的自戀心理。別再滿足他們了，你應該要證實他們的虐待行為才是問題根源，而不是你。一旦你評估情況可能會惡化，就要盡快與他們停止往來，將精力用在自我保護與照顧。

謾罵：你已經知道，自戀狂對於他們認定威脅到自身優越感的人事物，往往會起很大的反應。在他們的心目中，只有自己永遠是對的。任何膽敢提出異議的人都會激怒自戀狂。學者認為這種憤怒並不是來自低落的自尊心，而是源於狂妄的特權感和自以為是的優越感：「當你膽敢提出與自戀狂不同的意見，告訴他們哪裡錯了，或讓他們覺得尷尬時，地獄裡的烈火絕對比不上他們的怒火。俗話說：『假如你手上的唯一工具是鎚子，很容易把每件事當成釘子來處理。』同理，自戀狂的心態是：全世界都應該讚賞他、崇拜他、認同他和服從他。只要有人不這樣做，就是在攻擊他。因此，自戀狂認為以怒氣回敬是合理的行為。」

他們想不出如何更有效地操縱你的觀點或控制你的情緒時，就會採取謾罵這種低劣的手法。他們覺得自己有資格針對你貼上有害的標籤，藉此壓制你，謾罵是快速又簡單的手段，能貶低你的智力、外表或行為，同時否定你擁有發表個人觀點的權利。

謾罵的用意也包括批評你的信念和見解。你從生活經驗中獲得的智慧、經過深入研究的觀點，或者是明智看法，都會被陰險型自戀狂曲解成愚蠢的想法，因為他們感受到威脅，也無法提出有說服力且尊重你的反駁論點。自戀狂侮辱你的智力，是為了掩蓋自己的無能。他們無法反擊你的論點，只好攻擊你的人格，並不擇手段地貶損你的信譽和智力。

應對謾罵的方法：停止涉及謾罵的互動方式並表明你不再容忍，否則情況只會變得更糟。別把這種事藏在心底。你要意識到對方之所以謾罵，是因為他們不懂素質較高的人會採取什麼辦法。你可以參考以下的步驟：

- 如果遭到謾罵後感到苦惱，不妨運用正念呼吸的方法讓自己冷靜下來，重新把注意力放在如何於特定的情況下妥善地保護自己。
- 如果謾罵是發生在你與家人或親密伴侶討論事情的期間，你可以堅定地說：「我不會容忍你無禮的對待。」然後請暫時離開現場。
- 如果謾罵是前任騷擾或跟蹤你的形式，請務必留存證據，因為你日後可能需要走法律途徑。
- 如果謾罵是發生在工作場所，你可以評估是否該向主管報告此事。

- 如果謾罵是發生在網路上，你可以向社群媒體平台檢舉，並封鎖謾罵者。記得保留截圖，因為對方可能會繼續進行網路騷擾。

籠統的概括性陳述：自戀狂為了避免處理眼前的真正問題，通常會在你勇於指出他們的虐待行為時，以籠統的言論轉移焦點，包括誇大你的敏感度、以偏概全（例如「你永遠都不滿足」、「你每次都反應過度」）。這種手段對高敏感人來說有極大的殺傷力，因為後者會質疑自己的高敏感度是有問題的，沒有想到對方的虐待行為才是問題根源。雖然確實有時候是你較為敏感，但施虐者在絕大多數的情況下都是冷漠又殘酷的。

如何應對籠統的概括性陳述：惡毒者口中的空泛話語往往無法說明現實面的多樣性或細微差別，他們呈現的是基於自私意圖的扭曲觀點。你要堅守真理，並意識到一概而論是不合乎邏輯、非黑即白的極端思維。你也可以反駁：「你的言論以偏概全，很多情況都不適用。」該怎麼反駁，取決於你認為他對回饋的接受程度如何。請記得，他越狠毒，你越有可能捲入毫無意義的爭論中，對方的目的是讓你招架不住。你的目標並不是掉進爭執的陷阱，而是堅守你原本想表達的觀點，如果對方採取人身攻擊，不妨停止對話吧。

把你的想法曲解成荒謬的意思：當你勇於提出與自戀狂不同的意見時，你的觀點、真實感受、生活經驗都會被他們詮釋成性格有缺陷，以及證明你不理性和缺乏批判性思維的「證據」。這是一種常見的認知扭曲手段——「讀心術」。惡毒者聲稱自己知道你在想什麼、有什麼樣的感受，其實都是依據他們自身的情緒反應任意解讀，而不是理性地評估情況。不實陳述要不來自他們的妄想和謬論，要不是刻意使你心神不寧、貶低你的觀點。

自戀狂會說一些荒誕的話，扭曲你想傳達的意思，使你的見解顯得愚蠢或可憎。他們不會認同你的情感，而是利用不實的譴責方式，與你的真實經歷背道而馳。比方說，你對惡毒型伴侶的說話態度感到不滿，你只是單純表達自己的感受，他的回答方式卻是胡亂假設你的想法：「哦，所以你認為自己是完美的人？」或「所以我是壞人嗎？」

自戀狂也會攻擊你的人格，例如：「所以你的意思是，我不能表達自己的意見。你太強人所難了！」這樣做能讓自戀狂否定你有權批判他們的不正當行為，並在你設立界限時，向你灌輸內疚感。

如何應對不實的陳述：你應該堅定地確立界限，一再聲明：「我從來沒這樣說過，不要隨便揣測我的想法。」萬一對方繼續斥責你做了或說了從不存在的事情或言論，請你直接轉身離開。別讓惡毒者有機會推卸責任和轉移虐待行為的話題，也別讓他們針對你的務實回饋羞辱你。如果你面對的是避不開的人（例如在工作場所），你可以簡潔地一再強調自己真正做了什麼或說了什麼，然後有禮貌地離開。

轉移話題，逃避責任：這種手段正是我所謂的「那你呢？」症候群，是一種從當下話題轉移到不同議題的離題方式。自戀狂不想對任何事情負責任，因此會轉移談論的主題，規避後果。假如你抱怨他們很少參與小孩的教養，他們就會提起你在十年前犯過的教養錯誤。假如你說他們的謊言不合理，他們就會談到你為了逃避家庭聚會也說過小謊。這種轉移話題的方式不受時間或談話內容的限制，通常他們的第一句反駁就是：「你之前還不是一樣？」

如何避免話題轉移：別被牽著鼻子走。如果惡毒者突然採取這個做法，你應該繼續陳述事實，運用我先前提到的重述技巧，別被他轉移注意力的企圖影響。你可以把焦點拉回原本的話題：「這不是我現在要談的。請專心討論真正的問題。」

誤導你和裝無辜：惡毒者會先引誘你產生安全感，然後以嚇人的方式展現殘酷的一面。挑釁的言論、令你傷心的玩笑話、謾罵、尖酸刻薄的譴責、無憑無據的泛論等，都是用來激怒你的常見手段。惡毒型伴侶可能會突然讚美某位同事很有吸引力，或不適當地開玩笑說想要劈腿，這是一種試探，他想看看你是否有反應。如果他毫無同理心，或對自己的不得體行為沒有悔意，那麼就會進一步使你陷入盲目的混亂爭吵中。

惡毒者會利用簡單的意見不合，誤導你一開始客氣地回應，後來才明白他們是在惡意貶損你。他們把羞辱人的話包裝成玩笑話，激怒你，但你又無法追究他們的責任。這些看似鬧著玩的行為其實有攻擊性，而惡語傷人者可以繼續保持冷酷的裝無辜態度。然而，每次你對這些惡毒的言論發怒時，他們通常都會反過來指責你缺乏幽默感。他們想讓你誤以為這種語言暴力只是普通的玩笑話，也就是利用你的敏感度，轉移你對他們殘酷天性的注意力。

他們先把侮辱你的評論包裝成無傷大雅的言論，然後開始玩弄你的情緒。請記住，這種掠奪者很了解你的弱點和不安情緒，也知道如何用言語摧毀你的信心，而且重提那些能讓你再度經歷昔日創傷的話題。你上當後，他們就會若無其事地問：「你還好嗎？」然後再解釋自己不是故意刺激你。這種裝無辜的手段使你猝不及防，讓你相信他們不是真的有意如此，直到這種情況頻繁發生，你才認清這些殘忍的行為都是故意的。

如何避免被誤導：請特別留意那些讓你焦慮不安的「為反而反」評論或玩笑話，學會分辨它們，有助於意識到對方是否想誤導你，也可能單憑直覺就感知到對方的不良意圖。如果你在釐清事實後，仍然感受到對方貶低你，這代表你需要在回應之前花時間重新評估情況。

並不是所有與你意見不合的人都願意尊重你。你必須保持警覺，隨時準備應對衝突加劇或惡化的情況。與其直接回應對方的挑釁，你可以不動聲色地說「真有意思」，然後趕快找藉口離開。此舉表明了你不想再聊下去，也能避免惡毒者接收到他們預期的情緒反應。

當然，你有可能遇到一再冒犯你的人，有些惡毒者會不死心地故技重施。這種情況發生時，你要堅守立場，明確表示你絕不容忍這種行為，立即停止互動並斷絕聯繫。

拆穿惡毒者的冷嘲熱諷，可能會促使他們採用更進一步的心理操縱手段，但你還是要堅守原則認清他們的行為不當。若要體現你的新力量，就要遠離奚落你和試探你的人。身為高敏感人，對這些無情的挑釁非常敏感是理所當然的，你並沒有錯。請相信自己的直覺吧。

如何應用CLEAR UP技巧對付自戀狂

我在第二章提過CLEAR UP技巧，適用於應對自戀狂和很難相處的人。想要跟他們有效溝通，就必須把他們缺乏同理心、有人格障礙的事實納入考量。千萬要記住：如果你擔心自己身陷險境，或者對方以前有過暴力行為，請勿直接與他們對質或硬碰硬。

如果無法避免與自戀狂交流，以下是可以運用的CLEAR UP技巧：

情境：向自戀狂描述情況時，不該採用太過情緒化的用詞，就事論事即可。你要盡量避免面對面交談，不妨寄送電子郵件或傳訊息，這樣也能記錄你們互動的過程。

自戀狂非常樂於刺激高敏感人的神經，不對他們的花招產生情緒化的反應，是「冷處理」（gray rock）技巧的一部分。發明者是部落客史蓋拉，你可以假裝自己是一塊無趣的灰色岩石，避免自戀狂注意到你或操縱你——如同獵物藉由裝死躲過獵食者的目光。

使用較不情緒化的用詞對你有利，因為自戀狂無法從你那裡接收到激動的情緒反應後，可能會改找其他目標。比方說，對方明明劈腿卻矢口否認，你可以說：「我只與誠實的人往來。我們交往前你跟我說自己是單身，現在我發現你是已婚人士。」你陳述事實的時候，要保持冷靜沉著，語氣不流露感情，若是傳送訊息或寄電子郵件，溝通態度需要保持中立，回應也要簡短。

制定規則：說明對方的行為會造成什麼問題的時候，要將焦點從你身上轉移到潛在的後果。你可以說：「如果你再聯絡我，我就會報警。」或者是直截了當地說：「不要再騷擾我。」用傳訊息或寄電子郵件的方式表達，有助於留存證據。

落實界限：最好的方式之一包括直接傳達你的期望，並且只透過電子通訊告知一次即可。例如，已婚的惡毒者不斷聯絡你，你可以寫道：「我不與已婚者交往。請別再聯繫我。」如果他繼續聯絡你，就封鎖他的電話號碼和社群媒體帳號。如果他使用匿名帳號或不同的電話號碼騷擾你，請保存好這些資訊，以防萬一未來需要走法律途徑。

感謝：在大多數情況下，我不建議你向自戀狂表達感謝，這只會讓他們更得寸進尺。如果你迫不得已要與他們談判（例如工作），我建議你找到能滿足自我需求的方法。比方說，自戀狂同事要求你接下某專案的大部分工作，你可以提議等他完成前半部分的進度後，你再接手完成剩下的。你的提議要涵蓋「責任」或「互惠」的要素，讓對方明白除非先滿足你的需求，否則免談。

重複：無論自戀狂有多少次試著轉移你的注意力，都要記住事實和你的目標。假設前面舉例的劈腿者試圖對你進行心理操縱，說：「我根本沒有結婚，我完全不知道你在說什麼。我們能見面聊聊嗎？」你回答時可以採取「跳針技巧」，重複強調：「我不想再看見你或收到你的消息。我有證據能證明你有伴侶了，而且我知道真相是什麼。不要混淆視聽，這招對我沒效。」你也可以不再回應，直接封鎖他，然後對你自己重述實際情況。讓自己認清事實非常重要。你並不需要得到他的認可，唯一需要的是馬上停止與自戀狂交流，好好保護自己。

協調：自戀狂通常不會尊重不同的意見，因此別指望與他們進行公平的談判。只要你威脅到他們的特權感，他們就會對你發脾氣。不過，重點在於你要將個人目標、支持你的人脈、外部資源以及你能主導的行動整合在一起。無論自戀狂如何挑戰你的界限，都要持續做對自己有幫助的事情，並讓他們負起責任。在觀察和蒐集實際情況的資訊時，可以詳細記錄一切，並謹記一點：自戀狂很少遵守諾言。如果你決定申請保護令或者提起訴訟，這些紀錄資料很有幫助。

權力姿勢：即使你覺得沒信心，也要假裝有自信。面對自戀狂時，這一點特別重要，因為他們喜歡找出受害者的弱點。此外，你要盡量避免面對面的接觸。如果必須與自戀狂對質，不妨運用以下的互動方式增強自信心：讓可靠的第三人陪你去調解，請他當見證人或鼓勵你。如果你平常說話的語氣很溫柔，可以利用這次機會，練習用堅定且不流露情緒的語氣說話。你的姿態要展現自信，保持眼神接觸。

反思紀錄：事先計畫你的回覆

請制定屬於你的CLEAR UP應對方法來對付生活中的自戀狂。你打算說哪些話？想找誰當見證人？你該如何建立自信心，並認清自己受虐的事實？你該如何保持警覺？

退場策略

當你懷疑對方是自戀狂時，請執行OFTEN技巧：

- 觀察，不指責（**O**bserve rather than accuse）
- 逐漸消失（**F**ade out）
- 巧妙的藉口（**T**he handy excuse）
- 離開並制定個人安全計畫（**E**xit and make a safety plan）
- 留意，不回應（**N**otice rather than react）

觀察，不指責：自戀狂認為你不知道他們的真面目時，會更快摘下假面具。直接指責他們的自戀行為，只會刺激他們情緒和增強操縱手段，自戀狂會暫時採取「愛的轟炸」，讓你鬆懈，繼續深陷受虐循環中。如果你懷疑對方是自戀狂，更佳做法是一邊蒐集更多他們真實性格的資訊，一邊做好離開他的心理準備。

例如你打算與自戀狂離婚，請不要在一切都安排妥當之前就透露給他。你得先完成以下步驟：諮詢了解高衝突人格者的離婚律師、聘請離婚理財規劃師，幫助你處理信貸和財務問題、研究監護權法規、開設獨立的銀行帳戶、找到新的住所。

留意危險跡象，別依賴自戀狂的矛盾解釋，你要相信自己的觀點。他們的行動和行為模式，能透露出比片面之詞更多的訊息。

逐漸消失：自戀狂覺得被人輕視或拒絕時，會大發脾氣。與其直接冷落他們，不如慢慢地「人間蒸發」。你可以假裝一切照舊，但逐漸減少投入在他們身上的精力和時間。你與他們交談時，盡量保持簡短或客觀的回應。漸漸減少你的付出，讓他們習慣沒有你在身邊的日子。自戀狂受不了無人關注，因此他們會嘗試尋找其他能滿足自戀心理的對象。

巧妙的藉口：你逐漸從他身邊消失的時候，能用來解釋你離開的巧妙藉口很重要，但必須是自戀狂認為合理的藉口，不能讓他們察覺到你其實想從生活中驅逐他們。你可以假裝忙著處理工作，強調新的專案帶給你多大的壓力，並談到另一個工作項目有多麼耗時。如果對方的反應是生氣，請進行下一個步驟。

離開並制定個人安全計畫：你終究需要為自己的離開制定安全計畫。你可以請教顧問、人力資源部門或家暴防治專家，共同擬定逃脫策略。根據你與自戀狂之間的關係性質，以及你們是否同居，你可以評估自己需要做哪些安排。

留意，不回應：如果你在退出這段關係後，仍然必須與自戀狂打交道（例如：你們共同撫養孩子，或者會在家庭聚會碰面），你要盡力控制自己的情緒。請注意並辨識他們的操縱手段，別做出他們期待的情緒反應，你要冷靜下來，把注意力轉移到照顧自己的身心。搞清楚對方想從你那裡得到什麼，你就能從破解他的手段中獲得情緒的釋放。

CHAPTER 4

抵制惡毒者的修復練習

戒癮，

實行「零接觸」

米蘭達搞不懂自己為何忘不掉泰倫斯，他們已經分手好幾個月了，她仍然不斷想起昔日的甜蜜時光。兩人剛交往的時候，泰倫斯經常送奢華的禮物給米蘭達，安排周末度假，精心準備約會，日日夜夜打電話給她。雖然泰倫斯有時候看起來有點冷漠和沉默寡言，但只要他展現出當初相識時的熱情，米蘭達就會忽視種種警訊。

後來，泰倫斯開始貶低她，還拿她與其他女人做比較，甚至因為發怒而對她出言不遜。泰倫斯也會消失好幾天，對她不理不睬，然後又若無其事地回到她的身邊，米蘭達每次也都會原諒他。她最後提出分手並與他斷絕聯繫後，整個世界似乎都坍塌了，她難以承受分離之苦，依然渴望打電話給泰倫斯，想與他復合，彷彿忘了之前遭受虐待的事實。她依舊相信，只要兩人能夠「解決問題」，就可以重溫當初相識時的濃情密意。

經濟學中有個概念叫做「沉沒成本」：人之所以持續投入時間、金錢或資源，是因為他們已經付出了無法收回的成本，導致難以放手。在有毒關係的情境中，沉沒成本是指在一個人的身上投入的時間和精力越多，我們就越期待得到有利的回報。換句話說，人類為了維護人際關係而承受沉重的情感代價，以及從忍受創傷的過程中累積心理負擔後，會希望獲得積極的回報。他們的想法是：「我已經付出這麼多了，現在絕對不能浪費先前的投資！」如同賭場裡的賭徒，他們不斷賭下去，無法停損，也沒有想到現在罷手的代價比較小，反而只把目光放在取得機會渺茫的勝利上。

若要擺脫這種心態，你需要接受一項事實：雖然無法取回失去的時間，但你越早離開惡毒者，就能盡快重新掌握未來，避免自己遭到更進一步的損失。自由才是你該尋求的回報，只要你依然與惡毒者伴侶在一起，就很難獲得自由。本章將教你如何更有效地控管自己對這段有毒關係的癮，重新認清實際情況。

「零接觸」對你有益

與惡毒者斷絕聯繫，能讓你擁有療癒與恢復自我的空間，遠離他們慣性貶低你所造成的負面影響。這是你擺脫他們的大好機會，能夠繼續邁向未來的生活，並追求自己的目標。此外，你可以憑直覺、情感和想法，誠實地審視這段關係，不受到煤氣燈效應和虐待行為蒙蔽你的判斷力。

任何不尊重你的人，都不該出現在你的生活中。「零接觸」原則能幫助你抵抗誘惑，不讓這些人再度進入生活圈。許多倖存者發現，在日曆或日誌上記錄自己的進展很有用，與對方斷絕聯繫的紀錄保持得越久，你就越該好好慶祝。

只要不再與惡毒者往來，你終究會為自己贏得勝利，並更輕鬆地探索自己的優點、才華及嶄新的自由。如果這是你第一次這樣做，我想請你至少嘗試九十天不聯絡惡毒者，邁出成功戒癮的第一步。九十天剛好也是戒毒者所需要的時間，有害的戀情跟染上毒癮很相似。在這段戒癮的期間，你可以在自我照護和愛自己的安全空間中開始療傷，讓自己的心靈和身體從受虐的創傷中康復。

突破生物化學的束縛

你還記得我在第一章提過生物化學成癮嗎？你現在可以運用建設性方法消除你與惡毒者之間的連結。

多巴胺

受害者之所以迷戀反覆無常的伴侶，多巴胺正是罪魁禍首之一。不可預測的間歇性獎勵使這種神經傳導物質更容易釋放，因此自戀狂忽冷忽熱的行為會導致受害者形成不健康的癮。對大腦而言，快樂與痛苦結合的體驗，比純粹的喜悅更讓人享受，因此大腦更容易關注有害的人際關係。但你可以用健康的替代辦法，突破對你不利的癮。

新奇的體驗：你可以接觸新的活動，讓自己的腎上腺素大量分泌。有些高敏感人認為攀岩、跳傘、高空彈跳等活動對神經系統的負擔過大，他們可以改為嘗試每天做一件自己平常不敢做、卻有益處的事。想一想哪些方法和活動能為你的生活增添驚喜，用來取代自戀狂以前帶給你的興奮感。

在我實行「不聯絡惡毒者」的戒癮過程中，每天都會尋找不同的活動，並觀察自己適合哪些新冒險。這種方式能使大腦中的多巴胺更容易流動，讓你擁有探索新的嗜好與興趣的空間。你可以列出人生願望清單，開始探索清單上的活動，這份充滿期待的行程表能取代自戀狂捉摸不定的行為，幫助你重建更充實的生活。

反思紀錄：人生願望清單

讓人生願望清單幫助你走出舒適圈吧。你可以適度加入「有益健康」的畏懼因子，只要別過度刺激你的敏感度即可。我自己便曾體驗許多冒險，生活因此變得更有趣刺激，例如騎機械牛（mechanical bull）、第一次體驗雲霄飛車等。我也加入健身房的會員，在藝術治療工作坊發揮創意，並嘗試做熱瑜伽。你可以接觸以前沒做過的事，也可以用新的方法做你已經做過的事。無論是單純出於樂趣或是為了明確的目標，這些全新的活動對你的大腦、身體和心靈都有好處。

生產力：你想以更有建設性的方式，滿足自己體內的獎勵系統嗎？你可以創造新的獎勵回路，讓自己專注於目標、夢想及抱負，例如：盡情探索能讓你感到興奮的工作機會、沉浸在新的嗜好中、擔任義工、發想新的創意專案、報名有興趣的課程或取得學位，或者是為你關心的議題做出貢獻。

許多倖存者告訴我，他們踏入心理諮商這一行之後，幫助到許多有著同樣不幸遭遇的人。基於過去的生活經歷，他們發現這份工作能增強自立能力，實現回饋社會的抱負。我自己就在調整期間，寫了幾本書，找到新工作，還結交到新朋友。這些行動不只滿足了我的獎勵系統，也以新的形式支持我重建更美好的生活，在我脫離有毒關係的路上增添希望。

反思紀錄：設定目標

請寫下你現在可以追求的目標、活動或嗜好，至少十項，用來替代你花在自戀狂身上的時間和精力。

社交樂趣：高敏感人所建立的社交網絡，必須能與他們的移情能力相呼應。你應該與相處起來很自在的人往來，而這些人的心態通常都很積極，也願意接納你和支持你。你要選擇能讓你振作起來的朋友，而且可以按照自己的步調與他們往來。社交互動的過程很容易消耗你的精力，因此你需要在獨處和適度的社交樂趣之間取得平衡，才能保持活力，而不會耗盡精力。

你要懂得挑選朋友，在療傷的過程中，務必遠離那些會引起負面情緒的人，或減少與他們的交流。你知道我指的人是誰——就是那些不顧別人感受、喜歡打壓別人的惡毒者，他們只會讓你覺得自己很糟糕。相反地，你應該結交相處愉快、言之有物、幽默且關心你的朋友。這些人能激發你的多巴胺流動，不像惡毒者會帶來壓力和創傷。

反思紀錄：為社交刺激設下限制

對你來說，社交活動過多的定義是什麼？你什麼時候會感到筋疲力竭？舉個例子，我只要連續兩個周末都有外出行程，就會覺得疲憊不堪，因此每隔一個周末就得待在家裡養精蓄銳。你可以評估自己的社交舒適度，然後堅守原則。

獨處：社交很重要，但獨處的快樂也同樣重要。身為高敏感人，你處理事情時習慣深入思考。既然你具備自省力、想像力及創造力，不妨運用這些能力，花一點時間享受恢復精力的空間。獨處能讓你習慣生活中沒有惡毒者時的平靜和喜悅。愉快的單人活動包括外出用餐、做水療、洗泡泡浴（搭配精油或香氛蠟燭）、按摩、為自己買一套新服裝、前往一直想探索的城市或國家旅行等。獨處能幫助你變得更獨立，減少迎合別人的行為。畢竟，你越享受獨處的經驗，就越不可能為了想要有人陪伴而容忍惡毒者的行為。

反思紀錄：一個人的休息時間

這個周末你可以獨自享受的三件事是什麼？例如：騎腳踏車、在公園閱讀、到河邊散步。

自我照顧的建議：盡量為單人活動增添驚喜，加入新的元素，讓自己感到興奮，例如：品嘗沒吃過的食物、從未造訪的地點、不曾玩過的遊戲，或是利用周末到新的地方來個輕旅行。

催產素

催產素是「愛的荷爾蒙」，即使惡毒者不值得信賴，催產素也會讓你信任他們。當你與他們有親密的身體接觸時，便會釋放催產素，但你可以參考下列的選項，降低催產素帶來的影響。

不再聯繫：斷絕關係或減少聯絡（在需要保持聯繫的情況下，盡量降低接觸的頻率，例如共同育兒或職場上的互動）對於剛開始擺脫催產素的影響非常重要。你還是會渴望與自戀型伴侶和好如初，但與其屈服於這種誘惑，不如改跟對身心更有益的人互動。

寵物療法：催產素不只在你擁抱心愛的人時釋放，也會在你抱著可愛的動物時釋放。研究指出，抱狗能增加狗與飼主之間的催產素分泌量，同時減少飼主的皮質醇。如果你沒有寵物，可以幫朋友照顧寵物，也可以造訪寵物店或動物收容所，或者是領養寵物。

肢體接觸：人類只要與擁有良好關係的人進行肢體接觸，都會釋放催產素，不妨培養擁抱你關心的人的習慣。與自戀型伴侶分手之後，你也可以跟其他心理健康的對象進行安全的肢體接觸（只要你覺得自在），將對方視為非戀愛關係的朋友，就能明確地區分肢體接觸和情感連結的差異。在你療傷期間，除非已經明顯康復好轉，否則我不建議你馬上嘗試建立長期的戀愛關係。

輕鬆調情：保持簡單的原則就好，你可以與單身者社交、聊天或隨興約會，但前提是你能夠不抱太大的期望，也不打算認真投入感情。你要牢記一點，發生性行為可能會使你動情，並引起你的情緒波動，再度受到精神創傷，因此你應該根據自己的心理狀況採取適宜的行動。你現在不該與潛在的惡毒型伴侶培養感情，而是要為了輕鬆調情和社交互動而創造機會。

此技巧不適用於那些無法區分身體的親密接觸與認真投入感情的人。但有些人認為，與新朋友簡單地約會或輕鬆調情，可以讓自己愉快地分散注意力。這樣做能幫助倖存者找回有魅力的自己，也能提醒你，除了之前傷害你的自戀狂之外，你還有其他更理想的對象可以密切往來。

同情心和社區服務：催產素可以增強創傷後壓力症候群患者的同情心和助人行為。有鑑於此，協助朋友、捐款、擔任志工、傾聽別人的煩惱等，都對你有幫助。在你幫助別人的同時，你也會感到更快樂，這是對彼此都有益處的雙贏局面。

關懷自我也很重要，因為研究顯示此舉能增加催產素，並減少皮質醇。鑽研關懷自我的專家納夫曾指出，將手臂交叉於胸前、將雙手放在心口，都能釋放催產素。只要你有需要，可以用這種方式擁抱自己。也有其他研究指出，慈愛冥想（loving-kindness meditation）也有助於提升人們對自己和別人的同情心，降低體內的皮質醇。

皮質醇

我們都希望減少皮質醇，暢銷作家暨運動教練伯格蘭德（Christopher Bergland）提出幾種有效方法，包括運動、保持正念、冥想、大笑、聽音樂和社交。你可以一邊療傷，一邊遵循以下建議，降低自己的皮質醇：

- 每周至少上一次瑜伽課程，或者參與每日的線上課程也行。
- 將十分鐘的呼吸冥想納入每天早上的例行事項。
- 多看喜劇表演和喜劇片，讓自己笑出來。笑聲可以降低皮質醇，也對你的獎勵系統帶來正面影響。

- 盡量微笑，這樣能釋放出讓人更放鬆的腦內啡。
- 找支持你的好朋友出去玩一整晚。
- 加入為受虐倖存者成立的論壇或互助團體。
- 聆聽一些能體現你正在經歷的悲傷或憤怒情緒的音樂。
- 到社區活動中心當義工。
- 練習慈愛冥想並肯定自己，加強關懷自我。

如果你想擺脫對自戀狂的心理依賴，放輕鬆和安撫自己十分重要，有助於你靜下來思考問題，並克服你想與自戀型伴侶復合的渴望。

血清素

如果這種荷爾蒙含量偏低，可能會導致你瘋狂思念前任。血清素能影響衝動性、執行計畫的能力、情緒、記憶、體重、睡眠及自尊心。你可以嘗試比較天然的方法來增加血清素：

- **晒太陽**：晒太陽能增加血清素。你可以趁著陽光充足的時候，在早上和下午外出散步，以獲得每日需要的血清素含量。

- **補充維生素B群：**血清素不足會導致憂鬱，維生素B群能提升多巴胺和血清素的含量。研究證實，缺乏維生素B6和B12等維生素與憂鬱症有關。你可以請教醫生自己是否該補充維生素B群，降低罹患憂鬱症的風險。
- **按摩：**研究指出，按摩療法有助於降低皮質醇，並且提升血清素和多巴胺，緩解壓力。
- **快樂的回憶：**回想快樂的時光，能增加前扣帶迴皮質（掌管注意力的大腦部位）的血清素含量。如果你需要重拾快樂的回憶，可以翻閱舊相簿、舊日記以及家庭影片。這樣做可說是一舉兩得，既能增加血清素，又能防止你反覆思考不愉快的事件。請注意，不要回想或美化你與自戀狂的相處時光，而是要列出與他們無關的回憶清單。

治療

若要突破不健康的羈絆，請教經驗豐富，專攻有害人際關係、成癮和創傷束縛議題的諮商師是很有效的方法。他們熟悉這些領域並能理解你的情況，可以幫助你發覺未曾注意過的潛在創傷。我會在最後一章進一步探討不同類型的療法。

藥物治療

如果你現在面臨嚴重的焦慮症或憂鬱症的困擾，有一些藥物可以幫助你，例如：選擇性血清素再吸收抑制劑（SSRIs）。不過，這本書的討論範圍不包括這些藥物，請務必諮詢精神科醫生或諮商師，確定最適合你的藥物是什麼。請勿擅自替換你目前服用的藥物，本書目的在於提供自我照護的相關資訊，而不是正規治療的替代物。

運動

運動能有效提振情緒，同時影響多種生化物質，例如促進正腎上腺素、多巴胺、血清素等神經傳導物質飆升，還能降低皮質醇。市面上有許多充滿趣味的運動方式，我報名過嘻哈舞和有氧拳擊課程，但最喜歡的運動依舊是跑步。如果你還沒養成運動的習慣，我鼓勵你加入健身房的會員或報名當地的瑜伽課程。

無論你目前是否處於受虐的人際關係、打算離開，或已經開始與惡毒者斷絕聯繫，任何運動都可以做為天然的抗憂鬱藥，幫助你在邁向復原的每個階段更有效地管理自己的情緒。

在親密的關係中，你可能與惡毒者形成生物化學與創傷方面的聯繫，因此你很難離開對方。涉及有害的人際關係時，大腦的運作方式會對你不利，因此你必須更努力與惡毒者一刀兩斷。請記住，你對他的迷戀主要與這段關係的創傷有關，而不是他的優點。如果你能更理解有害關係的成癮性質，不怪罪自己或是找藉口留在對方身邊，你就能運用知識尋找更健康的嗜好，遠離惡毒者。

不再聯絡或減少聯絡的祕訣

結束一段不健康的關係，可能讓你心煩意亂且無力面對。雖然理智上知道自己不該受到虐待，但只要情緒失控，你的信念就會動搖。除了創傷束縛使你與施虐者聯繫在一起，可能還有其他的因素，比如：互相依賴、自尊心低落、自我價值感低落。這些因素可能出自虐待的關係，或者對方從一開始就灌輸你相關的觀念，以下是一些減少聯繫或斷絕往來的訣竅：

安排充實的行程，從事讓你開心的活動：如果斷絕聯繫對你來說是一大挑戰，請在每周的行程表中安排分散注意力的愉悅活動，例如：找朋友一起消磨時間、觀賞喜劇表演、按摩、長途步行、閱讀有益的書籍。

有意識地管理成癮渴望：你迷上自戀狂的原因是生物化學反應形成的連結，透過愛的轟炸、貶損及創傷等手段達成的。你照顧身心健康的方式可以是每天運動、養成規律的睡眠時間，保持平衡的生理時鐘、做瑜伽，強健體魄並減輕壓力、每天練習冥想。研究指出，保持正念可以降低人的渴望，我會在最後一章進一步探討其他的替代療法，例如針灸、芳香療法等方式。

練習全然接受：透過接納自己，與你的渴望建立更健康的關係，不要責怪違反了「不聯絡準則」的自己。你應該完全接受當下的生活樣貌，不抗拒你無法控制的事情。請記住，重蹈覆轍是成癮循環中不可避免的一部分。

假如你又主動聯繫惡毒者，再度掉進陷阱，請原諒自己吧。然後，你要以關懷和寬恕自己之姿，重新回到正軌。在日記中寫下你如何確保自己以後又想進行聯絡之前，能夠先維持冷靜至少一小時。一旦你領悟到聯絡惡毒型前任、朋友或家人不會有好結果，只會帶來痛苦的教訓之後，你就更容易改變心態了。

盡量堅守延遲原則：當你有自我毀滅的想法，或受到有害衝動的誘惑時（例如：主動聯絡施虐者），就應該延遲採取行動。請至少拖延一天，好好關心自己的感受如何，評估是否要為了這股衝動而聯絡對方。不斷拖延你的行動，直到你不再有衝動為止。你不妨在這段時間尋求支持，找值得信賴的朋友或諮商師聊聊，這樣做能幫助你得到慰藉，保護自己不受到惡毒者的傷害。

練習：管理你的渴望

每當你很想違反不聯絡的原則時，請想像自己的衝動有如海水潮起潮落，一切都會過去的。如果你故態復萌，要客觀地接受自己的失誤，盡快重新回到正軌。在成癮的循環中，一再失誤很正常，但只要持續練習就能迎向康復。

尋找支持你的社群：你可以尋找網路上的論壇、與高敏感人有關的社群，或與擺脫有害人際關係相關的社群。在你努力遵守不聯絡準則時，加入鼓舞人心的社群能提供穩固的支援人脈，也讓你有機會幫助其他同病相憐的人。此外，社群中的成員能理解你的遭遇。

練習：社群的支持

在這一周研究適合你加入的網路社群，或現實生活中的社群。

花點時間哀悼：你在生活中與惡毒者斷絕往來，這段期間很可能經歷哀傷。你要知道，這是正常的情形，悲傷通常有周期性，卻沒有明確的結束時間。你越是抗拒負面的想法和情緒，這種感受就越會持續存在。處理與創傷有關的情緒有助於療癒，不該迴避，你要學會接受自己的情緒和哀悼的過程，並承認這些都是康復旅程中的必要部分。我建議你參考悲傷輔導員蘇珊・艾略特所著的《分手後，人生才真正開始》，並練習書中的哀傷習題。

反思紀錄：正視情緒

你一直試著逃避某種情緒嗎？請寫下這種情緒帶給你的想法和感受。

確立減少聯絡的標準：如果你因為需要共同撫養孩子、進行商業合作、或不想完全和父母斷絕關係等情況，採取少聯繫但非斷絕往來的方式，你可以思考自己能容忍哪些聯絡方式。你能接受與他通電話嗎？還是只接受傳訊息？你們會挑在假日見面嗎？還是只在緊急情況下見面？在你限制惡毒者聯絡你的方式前，這些都是需要好好考慮的問題。

反思紀錄：設定減少聯絡的界限

為了更容易減少聯繫，你現在可以設定什麼樣的界限？例如，你能不能防止惡毒者打電話給你，只允許他用Google Voice提供的號碼傳訊息？如此一來，可以預防他沒完沒了地一直轟炸你，同時方便你只在有空的時候，才讀取他的訊息。

CHAPTER 5

界限

用帶電的圍欄
抵禦掠奪者

為了持續保護自己，不受到惡毒者和危險情況的傷害，你需要更了解如何以本能運用界限，而不是在最後關頭才意識到要保護自己。最好在你投入有害的人際關係前，就準備好隨時設立界限，以免惡毒者滲入你的生活圈造成莫大的損害。界限就像生理、情緒、性及心理的「邊界」，高敏感人必須堅定地找到劃分界限的方法，因為他們很容易被利用。

界限猶如城牆，能防止惡毒者侵犯你的基本權利、干擾你的核心價值觀及破壞你的個人安全感。一旦你更了解自己的界限、權利及破局的底線，你在與別人建立健康的界限方面就會貫徹始終，防止惡毒者從一開始就侵入你的思想。

BOUNDARIES技巧能幫助你記住界限的定義，以及你該如何維護自身界限：

- 相信自己的價值（**B**elieve in your own worth）
- 你有選擇的能力（**O**wn your agency）
- 了解你的核心價值觀（**U**nderstand your core values）
- 確定你不可妥協的條件（**N**ame your non-negotiables）
- 破局的底線（**D**eal-breakers—know them）

- 表明立場，無須道歉（**A**ssert without apologies）
- 受到挑戰時，重申你的立場（**R**einforce and repeat if challenged）
- 務實地執行，注意安全（**I**mplement practically and safely）
- 不受尊重時，便退場（**E**xit when not respected）
- 拯救自己，優先重視自我照顧（**S**ave yourself and prioritize your self-care）

相信自己的價值：首先，你要建立自信心，相信自己值得設定界限。為了成功設定界限，你也必須堅定地相信自己值得被保護，你的需求也值得被滿足。請運用這本書後半部探討的各種療法，重新改變負面的自我對話，讓自我價值感改善你的思維和行為吧。

當你相信值得善待自己，讓潛意識與信念保持一致時，奇蹟就會發生。你與別人相處時，將變得更有自信，因為你的想法不再是「我不夠好」或「我太敏感了，別理我，讓我一個人靜一靜」，而是想著：「我已經很棒了，我是有價值的人，值得受到尊重。我的需求也值得被滿足，我的敏感天性是美好的特質。」

你有選擇的能力：在人際關係方面，許多高敏感人都感到無助和自認沒有影響力，也許是認為現實情況永遠不會改變，或者因為害怕起衝突而不敢為自己辯護。衝突對高敏感人很不利，因為這會讓神經系統承受莫大的壓力，使他們直接進入戰鬥、逃避、停滯不前或討好別人的模式，也可能以不恰當的方式回應操縱者。這是因為杏仁核遭受壓迫感後，會影響到受害者的理性決策，使他們回到過去的傷痛和恐懼中，他們的反應方式正中操縱者的下懷，安全堪憂。

擁有選擇的能力，代表你能評估如何有效應對當下情況的多種選項。你需要熟練地評估形勢的利弊，有意識地面對不安的感受，行事才能充滿自信，探索你可以掌控和改變的事物，解決現實問題，而不是抱著主觀的想法或無能為力。

了解你的核心價值觀：你要重新認識自己的基本價值觀和基本權利，並每天提醒自己：你有權保護自己不遭到虐待、剝削和不公正的待遇。你有權反對別人的惡行並遠離他們，有權與別人進行安全、合理、有禮貌的溝通。你有權暫停互動，也有權保護隱私。你有權不淪為惡毒者的出氣筒或情緒垃圾桶，也有權不喜歡某個人或別人的行為。

你要了解自己的核心價值觀及其背後的需求，根據你滿足這些需求的方式來設定界限。比方說，如果你很重視成功，你需要的伴侶應該是願意在職涯之路支持你，而非對你進行羞辱。不要讓貶低你的職業或抱負的人踏進生活圈，是你重視核心價值觀和自我需求的方式之一。

你可以回顧生活中有哪些經歷與自己的心聲或道德觀產生衝突，藉此評估自己的核心價值觀。比方說，有人拜託你說謊，這讓你內心充滿掙扎，那麼「誠實」應該就是你的核心價值觀。即使遇到困難，你也想保持誠實，正直和不愧對良心也是核心價值觀之一。了解自己的核心價值觀，有助於你辨別哪些人能長期與你相處融洽。

確定你不可妥協的條件：根據目前應對的惡毒者類型，你需要明確訂出自己絕不妥協之處。與普通的越界者談判時，他們通常願意了解你的界限，但如果談判對象是自戀狂，他們就會故意挑釁你，利用你提出的條件對付你。因此，你最好先了解自己能容忍和不可接受的部分。當你發現對方試圖做出有害的行為時，你無須做任何解釋，請直接遠離他們。

在不同的情境下，不可妥協的條件可能略有不同，但是都能保護你得到尊重和理解這兩項基本權利。這些條件可能包括「沒人應該對我大小聲」、「沒人應該以居高臨下的態度跟我講話」等。許多人都說高敏感人對於別人對待他們的方式太過敏感，但他們的不安感合情合理，應當以有益身心健康且態度堅定的方式表達出來。

當你面對長期虐待你的自戀狂，應該要立即設立界限，澈底停止互動，不必解釋或說明。如果面對的是願意接受回饋意見的一般越界者，你可以堅定地指出他們的越界行為，退一步觀察他們未來是否會改善。

破局的底線：每個人的破局底線不盡相同，比方說你只想與素食主義者約會，或者你不想跟不打算生孩子的人約會，有些人只接受與不吸菸的人約會等。在道德意識方面，破局的底線不一定跟「對錯」有關，卻能保護你、你的獨特性以及你付出的努力，讓你能夠與核心價值觀和目標相近的人建立健康的關係和友誼。

表明立場，無須道歉：高敏感人經常為自己的想法、情緒及反應道歉。他們應該要為自己的權利挺身而出，不該感到內疚。道歉削弱了他們抗議不公正行為的權利，也阻礙了他們聲明立場。你能以冷靜又理性的方式堅守立場，不必低估你發言的影響力。只有在你做錯事的時候，才應該道歉。如果你在提及不太理想的情況（不是做錯事）時習慣說「對不起」你應該養成新的習慣，改問自己：

「這件事有需要道歉嗎？」如果不需要，你該學會用「可惜」取代「對不起」。你可以對當下的情況表達失望，但如果你沒有相關的責任，根本不需要向任何人道歉。

受到挑戰時，重申你的立場：剛開始，你的界限有可能受到挑戰，尤其是來自惡毒者的挑戰。這時，你可以運用之前提過的跳針技巧，無論惡毒者如何說服你放棄，你都要堅定地一再設立界限。我之前也提過，跳針技巧未必對所有人都有效，比如對付陰險型自戀狂就效果有限，因為他們不願意反省。你最好透過行動來重申立場，劃分界限，清楚地說明後果（如果有必要，你可以聲明後果是分手或訴諸法律）。

務實地執行，注意安全：光知道界限是什麼，還不夠，你必須懂得應用界限。設定界限時，要考慮最安全和最有效的方式。在特定情況下，或你與特定對象往來時，若要知道最適合你的執行方式是什麼，則需要練習和反覆試驗。如果與你建立密切關係或友誼的對象並不是陰險型自戀狂，有效的方法通常是表明你的界限，讓他們知道一旦侵犯界限，你會採取什麼行動。例如，你可以告訴經常失約的朋友，如果她在幾月幾日之前沒有回覆你，這次的出遊你就要改找其他人陪同。

不過，立即劃分界限有時候是適當的做法，而且對方本來就應該理解你的界限。比方說，你不允許任何人以高傲的態度跟你說話，你下次與表現出輕蔑態度的人初次約會時，可以立刻有禮貌地說要離開，而且以後不再與他見面。在這種情況下，如果你認為有必要，可以選擇說明離開的原因，但如果你與陌生人沒有多少感情可言，那就不必解釋。

另外，在某些情況下，你最好不要公開談論界限，像是你跟對方還不熟，也不知道他會做出什麼事的時候。舉個例子，在你與約會對象還沒建立穩定的關係前，他就已經侵犯了你的界限，無法理解基本的社交禮儀和尊重原則（通常在「蜜月期」階段應當表現得體和積極），你們的進展只會變得更糟。繼續與他溝通根本沒有意義，糾正錯誤或改變他的行為並不是你的責任。他是成年人，應當對自己的行為負責，當你遇到這種惡毒者時，盡快離開他才是你要對自己負起的責任。

陰險型自戀狂會在認識初期測試你的界限。請記住，「不行」是完整的陳述，而非展開談判的邀請。假如對方堅持不懈地說服你妥協，這表明了他有多麼想為了滿足自己的需求，不惜侵犯你的界限。

不受尊重時，便退場：當你的界限持續不被尊重，或者出現危險跡象時，安全地退場是很重要的事。這就好比你要想辦法離開有害的工作場所，同時尋找新工作。你也可以尋求心理師的幫助，運用家暴庇護中心的資源，制定離開施虐者的安全計畫。如果對方不願意尊重你的界限和權利，就準備離開他吧，你不必跟著他們一起沉淪。

拯救自己，優先重視自我照顧：許多高敏感人為了迎合別人的慾望，經常忽視自己的需求，尤其是那些在童年時期遭到虐待或情感忽視的人。他們產生「救世主情結」，覺得自己必須去拯救別人，或經常扮演照顧者的角色，尤其是如果撫養他們的父母有成癮或精神病的問題。

高敏感人往往是別人的「救星」，卻總是忘了拯救自己。這種心態阻礙了他們建立健康的界限，他們認為自己應該負責「修復」別人，最後卻投入沒有正面回報的有毒人際關係。唯一受益於不平等關係的人，正是他們無盡付出心血的對象。

當你與惡毒者打交道時，優先重視自我照顧是很重要的事。你畢竟不是別人的心理師（就算你是心理師，仍然需要與客戶建立職業的界限）。這並不是自私的想法，再說，比起耗盡自己的資源，當你優先考慮自己的利益時，便能夠以更長遠有效的方式幫助別人。

反思紀錄：想像劃分界限

請回想一下，別人以前侵犯了你的界限，讓你有什麼感受？你下次碰到類似的事情時，可以怎麼做？

範例：惡毒型朋友繼續用開玩笑的方式罵我時，我的界限被忽視了。雖然我告訴過她這種行為讓我很不舒服，她還是繼續這樣罵我。以後，如果有人罵我或不尊重我，我會先給他們一次改進的機會，如果他們不改進，我就會跟他們絕交，不再聯繫。

給惡毒者的一封信

這是我分享過的方法中相當熱門的一項，這封信是以高敏感人的角度撰寫而成，每當你對自己心生疑慮時，不妨閱讀這封信，並用來提醒自己界限為何重要，以及為何是自我照護中不可或缺的一環。

給惡毒者：

雖然我很喜歡幫助別人，但解決你生活中的疑難雜症或取悅你惡劣的天性，不是我的責任。我沒有義務要管理你的負面情緒，整天提心吊膽，或為了保持和平而說一些你想聽的話。

我不是你的出氣筒，也不是你的情緒垃圾桶。我的存在，並不是為了討你歡心或讓你投射痛苦。我的責任是為我自己負責——做自己，忠於自己，治療自己的傷口，管理自己的情緒，照顧自己。如此一來，我就可以真誠地為別人付出，同時不在過程中筋疲力竭。我的責任就是維護健康的界限，尤其是針對身心不健全的人。

反思紀錄：設定界限的權利

請完成下方的兩個句子，寫出你想提醒自己的事。

句子一：我有權……

例句：

- 我有權說「不行」。
- 我有權改變主意。
- 我有權受到別人的尊重。
- 我有權拒絕接受不請自來的回饋、建議、壓力或人身攻擊。
- 我有權脫離有害的虐待關係。
- 即使別人不認同我，我有權保持自己的信念、偏好及觀點。

句子二：我可以保護自己，做法是……

例句：

- 我可以保護自己，做法是撤銷投入的心力、資源。

- 我可以保護自己，做法是利用獨處的時間放鬆和恢復精神。
- 我可以保護自己，做法是脫離有害的友誼。
- 我可以保護自己，做法是在我不知所措的時候尋求幫助。
- 我可以保護自己，做法是接受別人的讚美，而不是接受別人的羞辱。
- 我可以保護自己，做法是信任自己，也相信自己的直覺。

三大危險跡象

當你評估伴侶、朋友、同事、老闆或家人是否與你合得來，或者他們是否有潛在的危險性時，可以觀察他們在以下情境中長期關注的焦點是什麼。

1. 當你談到自己的夢想或成就時，他們是否前後一致地鼓勵你且支持你？還是只注意到你的缺失，奚落你，說一些讓你恐慌的言論？
2. 當你提到目前遇到的困境時，他們是否理解你的感受並傾聽你說話？還是只將注意力轉移到他們身上，或羞辱你、指責你，使你變得更難受？
3. 當你慶祝人生中的重要事件時，他們是否願意與你共享喜悅，讓這個特別的場合變得更美好？還是不感興趣，潑你冷水，甚至破壞你的興致？

犯規三次就出局了

當你對於是否該繼續與某人來往有疑慮時，不妨參考「犯規三次法則」——這是出自斯陶特於二〇〇五年出版的《隔壁的反社會人格者》。他待你不好一次的時候，你先設法解決問題，然後離他遠一點，同時觀察他未來是否再犯。如果他又做出同樣的行為，你可以開始減少對這段關係的付出，因為他顯然不願意尊重你的界限。如果他犯了第三次，你應該與他斷絕聯繫。

你剛認識新朋友時，遵循這條法則能避免長期為錯誤對象承受不必要的苦。該法則也能幫助你避開披著羊皮的狼，在初期察覺到危險跡象後，更迅速且有效地劃分界限。

練習：基本的自我照顧評量表

與自己建立界限也很重要。在如何與自己對話、照顧自己，以及基本的自我照顧方面，你都需要個人界限。別忘了那些照顧自己的基礎技巧，你的生活是愉快歡欣或充滿壓力，全都仰賴它們。請列印出下方的清單，或者存到電腦或手機裡面，每天檢視各個項目，留意自己的基本需求是否都獲得滿足：

- ☐ 我今天吃飯了嗎？
- ☐ 我洗過澡了嗎？
- ☐ 我已經外出散步，呼吸新鮮的空氣和晒太陽了嗎？
- ☐ 我積極地對抗消極的自我對話了嗎？
- ☐ 我做運動了沒？
- ☐ 我整理過某個區域，或打掃周遭的環境了嗎？
- ☐ 我列出五件心懷感激的事情了嗎？
- ☐ 我練習冥想了沒？
- ☐ 我有沒有關心自己？
- ☐ 我接受並理解自己的情緒嗎？

CHAPTER 6

準備好你的武器

日常生活中的自我照顧策略和重建技巧

高敏感人習慣以感性的方式思考和回應，因此「重新架構」（reframing）技巧能幫助他們重新界定有害的想法，也就是那些迎合別人的習慣和自我毀滅的念頭，同時抑制肯定自己的能力。若要管理衝突和設定界限，重新建構局面的能力對他們的幸福感非常重要。

一般而言，高敏感人對眼前的惡毒者有敏銳的直覺，也可以快速地察覺到別人的情緒狀態，注意到周遭環境的微妙變化，還能夠對當下情況進行準確又深入的分析。問題在於，與一般人相比，高敏感人容易質疑自己和自責，因為太常接收到被認為太敏感的批評。不把別人的惡行怪罪到自己身上是很重要的事，尤其是虐待行為。自責只會誤導高敏感人繼續待在不健康的環境中，而不是想辦法保護自己，只要高敏感人不去質疑這些虐待者，就很難擺脫對自身不利的情況。

許多高敏感人之所以尋求諮詢或輔導，是希望自己的經歷能被理解，敏感的天性受到尊重，以及有人傾聽自己痛苦的心聲。不幸的是，高敏感人不一定能如願以償，因此我在本章設計一些治療策略，指導高敏感人重新建立自信、設定界限、肯定自我及管理衝突。一旦學會重新詮釋有害的想法後，就能保有自己對昔日經驗、情緒及直覺的認知。

重新架構技巧通常用於解決扭曲的認知，也就是對情況有錯誤的看法。這些扭曲的思維看似合理準確，實際上卻使你困在消極的情緒中，包括由你或惡毒者製造出來的負面思維。探究高敏感人常有的認知扭曲時，可順便看看你是否能從自己的生活中發現這種思維模式。

非黑即白的思維

非黑即白的思考方式，使你在不考慮情況的複雜度或細微差別的條件下，便斷定某項事物為「絕對好」或「絕對壞」。高敏感人往往以這種方式看待自己。他們將惡毒者視為絕對的好人，純粹是基於的花言巧語和偽善的面具，卻忽略了那些危險的言行。

他們認為自己太過敏感和反應過度，卻認為惡毒者理性又沉著。但事實上，高敏感人的反應和互動方式比他們意識到的更有深度。憑著直覺力，他們能夠注意到事件脈絡和人際互動的微妙之處。他們需要認清的是，雖然自己有時候確實是反應過度，但在大多數情況下，他們其實能準確地辨別惡毒者的行為和意圖。

小題大作

這種思考方式會讓你誇大實際情況和察覺到的負面結果。高敏感人很容易把維護自身權利的後果看得太嚴重，衝突也讓他們感到焦慮。他們擔心無法取悅別人會導致自己孤獨一生，於是洗腦自己：「我不能反抗她，因為她是老闆！如果她不同意，我會很丟臉，我會完蛋！」「我不能拒絕他，因為他會不高興，我也不知道什麼時候能再遇到這麼好的機會了！」高敏感人也害怕親密關係的結束，因此為了維護關係會竭盡所能，並放棄自己的界限，也不管這樣做對自己有多麼不利。

歸因於自己

高敏感人往往把別人的選擇、偏好或外在事件看成跟自己有關。比方說，你可能把別人拒絕的理由歸咎於自己沒有價值或缺乏吸引力，忽視了其他反應你價值的證據。你也很容易認為惡毒者會這樣虐待你，都是自己造成的，又或者太想承擔緩和別人情緒的責任。如果你正與惡毒者打交道，對方通常也會把自己的不當行為怪罪到你頭上，或宣稱都是你先激怒了他。高敏感人擔任「情緒照顧者」的角色，卻忘了對方才應該為本身的行為和反應負責。

讀心術

這種認知扭曲指的是你假設自己知道對方的感受和想法。高敏感人經常將自己的道德觀和良心投射到惡毒者身上，但後者的思考方式和感受其實是截然不同的。更準確的「讀心」方法是觀察惡毒者的行為和習慣，而不是注意他們的言辭，或他們是否展現出你所期待的形象。惡毒者的行為足以說明一切，當你拒絕惡毒者的時候，他們是否堅持要你改變想法？他們會不會騷擾和跟蹤你，並且變得容易發怒？他們嘴上說你最重要，卻對你忽冷忽熱？如果對方友善的表象和傷害你的行為互相矛盾，也表明了他是偽君子。

如何重新架構你對自己的扭曲看法

以下四個簡單的步驟能幫助你克服扭曲的自我認知，重新轉化為正面的看法：

1. 找出你要改善的扭曲看法。
2. 寫下任何支持和反駁這種看法的證據，同時找出這種想法的源頭（例如這是父母灌輸給你的想法、童年經歷或昔日人際關係的影響）。
3. 將扭曲的認知重新架構成更客觀的見解。
4. 明確想出你要如何改變自己的行為，以便與前一步驟架構的客觀見解保持一致，並產生積極的影響。

雖然我在工作中遇過許多有著扭曲思維模式的高敏感人，但後面只列出其中三種最常見的例子，用來說明重建技巧如何應用於現實生活。請記住，這些只是例子，你的情況可能十分不同，因此需要根據自己的經歷和需求做調整。

認知扭曲的範例＃1：我無法信任自己

支持此說法的證據可能是：我從小被灌輸的想法是，我不能信任自己聽到、看到、感受到或經歷過的事情。我以前曾讓惡毒者進入生活圈，慘遭他們的利用。

反駁此說法的證據可能是：他們讓我感到不安。初次見面時就覺得備受威脅。我總覺得哪裡不對勁，但我沒有聽從直覺。我全身上下都感受到危險，但我以為是自己太偏執，好幾次都忽視直覺的警告。

重新架構：雖然我以前遭人利用，但這不代表我不能信任自己。我的直覺幾乎都很準確，但我卻沒有多加理會，因為我不想相信這些惡意和危險的存在。現在，我知道我能信任自己，只要我願意相信自己，就可以做出更好的決策。

改變行為：我下次對某件事有直覺時，會嘗試相信直覺，不再找藉口，不再否認，也不再輕描淡寫。我願意留意身體傳達的訊息，做出相應的行動。

認知扭曲的範例#2：我不能拒絕，因為別人會討厭我

支持此說法的證據可能是：小時候，我曾經因為不遵從別人不公平的要求，而受到掌權者或同儕的懲罰。我也遇過為自己辯護，竟導致有人決定與我絕交的情況。每次我拒絕別人的時候，都冒著被斥責、施壓或羞辱的風險。

反駁此說法的證據可能是：在我的生活中，也有一些好人很尊重我的意願。他們察覺到我不自在後，不會試圖強迫我或控制我。至於那些在我堅守立場時選擇疏遠我的人，其實都是會利用別人的騙子。

重新架構：那些因為我拒絕而懲罰我的人，正是生活中我不需要的越界者。有很多人願意尊重我的意願，也不會在我覺得尷尬的時候逼迫我。為自己挺身而出和勇於說不，對我有長遠的好處，能保護我不受到不必要的傷害或剝削。

改變行為：如果有人對我的拒絕做出憤怒的反應，或堅持要我改變想法，我會把這種行為當成證明他們是惡毒者的證據，然後減少聯繫或不再往來。

認知扭曲的範例#3：每個人都很努力，我不該批判別人

支持此說法的證據可能是：我曾遇過富有同理心的好人犯下錯誤，更別說自己也會犯錯。我表達意見並指出他們的錯誤之後，他們都做出了改善。

反駁此說法的證據可能是：我也遇過許多長期有惡劣行為的人，雖然我向他們表達這些言行帶給我多大的痛苦，但他們既沒有道歉，也沒有做出任何改善。這些人沒有盡力而為，而是一心貪圖私利。

重新架構：世界上有許多善解人意的人都努力把事情做到盡善盡美，但犯錯還是難免。不過，我相信自己能分辨出「有同理心的好人」和「惡毒者」之間的區別，惡毒者根本不值得擁有第二次機會。

改變行為：我不再將「大家都很努力」的陳腔濫調套用到每個人身上，而是開始區分「不慎犯錯的人」和「持續傷害我卻不承擔責任的人」。我會設立界限，減少與後者聯繫。這樣做不是為了批判別人，而是辨別每個人的真面目。我要分辨誰是不會傷害我的人，以及誰才是惡毒者，並採取不同的應對方式。

提升抗壓力和人際效能的生活技能

針對改變不適用的舊思維，重新架構技巧很實用，但高敏感人也需要其他具體策略，來應對會激起強烈情緒的高衝突社交情況，否則就會對他們的心理和生理造成負面影響。我接下來會介紹各種技巧，靈感來自於心理學者瑪莎・林納涵創造的辯證行為療法（DBT），該療法已證實對有情緒困擾的人很有效。

生活技能#1：正念

正念能幫助你活在當下，一次只專注於一件事情。正念融合了佛教禪修的觀念，能促使你放慢腳步，面對痛苦時保持鎮定，以不帶評斷的眼光仔細觀察周遭正在發生的事情，然後描述自己的感受，更全面地參與其中。以下是一些練習正念的方法：

- 暫時退出激烈的對話，休息五分鐘，等恢復平靜後再回到對話中。
- 運用五感觀察並描述周圍的環境（景象、氣味、聲音），讓自己冷靜下來，才不會在新的社交情境中不知所措。

- 積極傾聽對方告訴你的話，注意他們的臉部表情、語氣及周圍的環境，重新回到社交場合的當下。
- 逐漸脫離自我批判的想法，把注意力放在身邊的一切。
- 留意你對某個癮頭或強迫行為的渴望，把你的衝動想像成海浪潮起潮落，它們終究會消失。如此一來，你就不太可能因情緒而衝動行事。

練習：正念練習

以盤腿的舒適姿勢坐下，深呼吸十分鐘。你從周圍環境中聽到什麼聲音？聞到什麼氣味？看到什麼顏色？你現在的感受如何？有什麼想法出現嗎？別評斷你的情緒和想法，只要把它們想像成河流上漂浮的樹葉或寫在雲朵上的字。

生活技能＃2：情緒調節

情緒調節能引導你適當地將情緒歸類，消除那些會讓心情惡化的障礙。高敏感人能因此轉移注意力，評估自身被忽略的需求以及可以做哪些事來創造正向的經驗，採取能改善目前情況的行動。這項技能可以幫助你更妥善地管理情緒，尤其是在逆境中。以下是一些進行情緒調節的方法：

- 保持規律的睡眠模式和健康的飲食習慣，減少壓力對身體造成的傷害。
- 制定每周或每天的運動計畫，讓身體有釋放壓力的出口，同時產生能改善情緒的腦內啡。
- 在不加以評斷或抵抗的情況下，辨識心中出現的強烈情緒，例如：「我現在覺得很生氣」。
- 運用「與負面情緒相反的行動」，有效處理難以忍受的情緒。比方說，你感到很焦慮時，可以做一些舒緩情緒的事情，例如到美麗的河邊散散步。

反思紀錄：練習情緒調節

你最喜歡哪一種運動？請制定每周運動的計畫。

生活技能#3：痛苦耐受和危機管理

這項技能的重點在於安撫自我，尤其是陷入危機、困境或引起激動的情緒。你處理危機時，可以練習前面章節提過的「全然接受」技巧（請參考第一八一頁），能幫助你客觀接受當下的處境和情緒，但不縱容別人的有害行為，也不衝動地回應遭到不當對待的情況。

你可以接受現實，但不姑息養奸。你不是被動的，仍然可以改變自己的生活，進而改善處境。接受，只是看清局面的真相，認清這不是你想要身處的環境。因此，你有了解決問題的空間，沒有多餘的阻力，不必否認事實。

以下是一些痛苦耐受和危機管理的方法：

- 思考情況的利與弊，形成更客觀的見解，例如：「我喜歡的人背叛了我。我很難過，但是能夠提早發現他的真面目，便是一種解脫。這件事教導我很多人生道理。現在，我不必再浪費資源在這個不可靠的人身上。」

- 全然接受某個情況，而非否認，例如：「我全然接受自己要離婚的事實，也全然接受痛苦的感受。這就是現實。」
- 安撫自己，使當下變得更美好，比如祈禱或可視化（本章後面進一步探討相關的VIBRANT技巧）。

反思紀錄：練習全然接受

哪一種情況是你可以全然接受，但不一定要贊同的？請寫下你應對此情況的策略，但不考慮你期望的局面。

生活技能#4：社交效能

社交效能可以磨練你明智地應對衝突和社交互動的能力。這項生活技能對高敏感人的心理健康有重要的作用，因為著重於如何在適宜的時機肯定自己和別人，能引導你適當地設定界限。當你從別人的觀點看待事情時，不會有非黑即白的對立思維，同時能充滿自信地表達自己的需求。

以下是一些練習社交效能的方法：

- 巧妙地讓難相處的人滿足你的需求。
- 制定安全計畫，退出你與施虐者建立的不健康關係或危險情況。
- 向願意理解你觀點的人表達想法。
- 有效地設定界限，不退縮。

反思紀錄：實現社交效能

想一想，你該如何讓生活中的棘手人物滿足你的需求？

運用兩種技巧，增強高敏感人的生活技能

努力培養前述各項技能的同時，還有兩種技巧可以幫助你達成目標。第一種是CREATES技巧，能協助你進入所謂的「智慧心」狀態（wise mind），更有效地面對難以處理的情緒和情況。請透過以下步驟，培養更多的抗壓技巧，更妥善地管理危機：

- 社群（Community）
- 暫緩（Reprieve）
- 評估進展（Evaluate progress）
- 行動（Action）
- 重新掌控（Take back control）
- 享受（Enjoyment）
- 感官（Senses）

社群：克服危機的好方法，包括將注意力轉移到生活中的兩個重要面向：回報和感恩。高敏感人擁有同理心，因此為世界付出時能充分發揮本身的天賦，將痛苦引向具有意義的目標。當你想起需要幫助的人，並對自己的需求得到滿足心懷感激時，便能強化你的心理健康。你的注意力會從惡毒者身上，轉移到真正值得你投入精力與付出的人，並加強社交能力。

你為社會貢獻的方式可以是捐款給慈善機構、為你想分享的重要議題架設網站、寫書幫助處於低潮的人、當義工、主動幫助朋友或弱勢群體——有無數的方式可用來改善你周遭的環境，幫助你專注於事件的全貌。

暫緩：先暫時不處理棘手情況，讓自己保有平復心情的空間。你可以想像有個實體的障礙把你與該情況隔開，不需要馬上深入思考。雖然這並不是舒緩情緒的長期方案，因為你終究要面對問題，但此方法能讓你有喘息的機會，直到做好心理準備為止。

評估進展：覺得眼前的危機似乎不會好轉的時候，反而更該冷靜思考和評估狀況。你可以評估目前的生活狀態，或者自己面臨的危機是否其實沒有想像中那麼嚴重。例如，你將目前的生活與十年前進行比較，或者將自身處境與更不幸的人進行比較後，你可能會得到很大的啟發——雖然自己現在很辛苦，但事情本來可能變得更糟糕。

不過，有些高敏感人可能會因為想到更不幸的情況而變得更煩惱，這樣的話最好只分析自己或別人的成功經驗。當你回想起別人克服類似逆境的例子時，就會鼓勵自己去了解情況的全貌，並期待事情會好轉。你會發現眼前的生活仍然有積極的一面，因此要找出讓自己感覺更棒的方法。

行動：前面提到「情緒調節技巧」時，有一個練習方法是「採取與負面情緒相反的行動」。你可以採取與目前的衝動完全相反的行動，以便有效地處理令你困擾的情緒。這種方法能抑制衝動行為，改變你看待問題的方式，對你的心情有正面的影響。這不是在逃避，因為逃避會讓跟創傷有關的症狀惡化。我提出的這個方法能幫助你暫時找到慰藉。如果你覺得很生氣，可以做一些能夠平靜下來的事（例如冥想），如果感到悲傷，則可以觀賞喜劇片。

重新掌控：請你從某個情況中轉移注意力，只接觸不引起情緒波動的資訊或活動，直到準備好面對眼前的挑戰為止。你可以閱讀、玩拼圖，或做一些有創意的事情，讓自己重新找回控制感。你還可以構思一些簡單步驟，讓自己專注在可以改變的事情，而不是為無法控制的事情煩惱。比方說，你剛經歷了可怕的分手，重新掌控情況的做法也許是收拾家中讓你想起前任的物品，並從手機刪除他的電話號碼。移除環境中的刺激物，能降低你與惡毒者聯繫的誘因，畢竟在你最脆弱的時候，他可能會進一步傷害你。

享受：參與能分散注意力的愉快活動可以讓你暫時鬆一口氣。惡毒者希望你感受到痛苦和壓力，所以樂於大費周章地破壞你的喜悅，因為這樣做能帶給他們掌控感。別讓他們得逞，你要在生活中創造屬於自己的歡樂空間。如此一來，你的心靈便脫離了有害的情況，享有一段愉快的時光，幫助身體恢復到正常、有安全感的狀態。你可以去散步、跑步、聽舒緩情緒的音樂、關掉手機、上瑜伽課、購物、玩遊戲、看喜歡的節目等。

感官：把注意力集中在你的五種感官，常見的做法包括洗熱水澡、用冷水淋浴、拿著冰塊、把橡皮筋繫在手腕上，或是其他能喚醒感官並分散注意力的刺激來源等。這樣做能阻擋你在衝動之下做出對自己不利的行為。你也可以花點時間深呼吸，同時用心注意周圍環境的景象、聲音、氣味及材質，這對感官特別敏感的高敏感人很有幫助。

反思紀錄：將CREATES技巧應用於你面臨的挑戰

你現在應該將CREATES技巧應用到生活中了，有需要的話可以找心理師幫忙，共同討論以下的建議，充分發揮此技巧的效果：

- 為了加強你的**社群**意識，請列出你可以回饋的十種方式。這些活動如何與你心目中的理念產生連結？這些活動能提醒你應該感激什麼事情？
- 想像有障礙物阻隔了你與某個情況，藉此讓自己從煩雜的想法中**暫時解脫**，擁有一點空間。這個障礙物看起來像什麼呢？
- 在生活中的某些方面，務實地**評估進展**。你可以思考以下的問題：你以前運用過哪些方法成功應對困境，最後讓事情進行得很順利？你能想到哪些人熬過了與你現在面臨的類似狀況，最後有成功的結果？你相信哪些人即使處於更艱困的處境，也能夠妥善地應對？這些人的經歷能使你感謝生活中的哪些部分？
- 採取與負面情緒相反的**行動**，能對抗目前情緒帶來的負面影響。將你的心情寫下來，然後寫出能產生相反感受的活動，以及你希望擁有的正面情緒狀態。

- 想一想你現在可以接觸的活動（至少一項），幫助自己**重新掌控**麻煩的情況。
- 暫時放鬆，好好**享受**。你現在可以參與哪些活動，讓自己快樂起來？
- 為了喚醒你的感官，請先寫下五種感官，接著在每一種感官旁邊列出相對應的活動，幫助自己擺脫偏執的思想。

高敏感人很容易產生強烈的情緒，尤其是處於痛苦的人際關係之中。你可以運用VIBRANT技巧，學習如何更妥善地處理煩惱，改善當下的情況。

- 可視化（**V**isualization）
- 啟發（**I**nspiration）
- 大局（**B**igger picture）
- 釋放（**R**elease）
- 求援（**A**sk for help）
- 滋養（**N**ourish）

● 時間（Time）

可視化：你可以想像自己成功地應對任何逆境。先想像自己逃到寧靜的地方，如果情況改善了，會是什麼樣子呢？這些想法都能減緩負面的思維，讓你以更冷靜和理智的方式處理當下的情況。

啟發：肯定自我，為自己打氣，回顧你所得到的正面回饋，藉此激勵自己。請把這些正向肯定語、勵志金句等素材，製作成有形的視覺提示，並且要讓自己經常看到，你可以隨身攜帶金句小卡、存成手機桌布、在書桌上放一張肯定語小海報。你也可以掛一個留言板，貼上最喜歡的勵志金句或鼓舞情緒的美好照片，或者在冰箱上貼讓你感動的口號，又或者寫一封圖文並茂的「情書」給你自己。

大局：從痛苦或苦難中找到意義。人在經歷強烈的情緒時，通常會產生無助感，只要把注意力轉移到從經驗中學到的課題，就能產生力量。不要跟自己說「剛剛的約會真是太糟糕了，我大概要一輩子單身了」，請重新詮釋這段經歷：「剛才的約會太慘了，這讓我更了解自己不喜歡什麼樣的交往方式，也提醒著我值得找到理想的伴侶，寧缺勿濫！」

釋放：你可以參與能恢復活力的活動，比如瑜伽和冥想。釋放壓力，放輕鬆，讓你的緊繃身體恢復常態。創傷通常會卡在我們體內，瑜伽和冥想是有效的抒發管道，能幫助你從負面情況的影響中「排毒」。

求援：聯絡值得信任的人，例如諮商心理師、知己或富有同情心的家人。敞開心扉，接受別人的安慰、肯定和鼓勵。你也可以向神明求助，請根據個人信仰的對象，透過祈禱或相關宗教儀式來安撫自己、接受引導並請求神明保佑。若你沒有信仰，也可以向宇宙或高我（higher self）尋求指引。

滋養：用心照顧自己的身體和心靈。吃健康的食物，獲得足夠的休息，並選擇只吸收正面的媒體資訊（在你療傷的期間，避免在社群媒體上接觸影響心情的貼文，不看負面的新聞報導，也不與惡毒者聯繫）。一次只專心做一件事，加強正念訓練。例如，你吃一頓營養的餐點時，專心享用，別拿出手機查看工作訊息。有益的活動能排除過多的干擾，減輕一次應付多種情緒的焦慮感。

時間：慢慢讓自己冷靜下來，遠離衝突，包括在生理上遠離某個地方、在心理方面不投入過多的情感，可持續幾個小時、幾天或幾周，取決於當時的情況。利用這段時間洗泡泡浴、冥想或到大自然中散步。在周末出去玩，或整天關掉手機，避開刺激情緒的來源和難受的對話，直到你準備好面對目前的情況。

反思紀錄：將VIBRANT應用於你面臨的挑戰

只要持續在日常生活中運用此技巧，你的排毒過程會更加順利和有效。

- 練習「**可視化**」時，可以想像平靜是什麼樣子。當你感到不知所措時，閉上眼睛，想像自己重返以前去過的寧靜場所。
- 回想別人稱讚過你的話和正面的回饋，藉此尋找能**啟發**你的來源。你聽過別人給你的最佳建議是什麼？你給過別人的最佳建議是什麼？你可以製作一張小海報，在上面寫著讚美和鼓勵的話，讓自己天天看得到。或者，你可以把這些話錄進手機，每天早晚各聽一次，錄音的時候，要像對待最好的朋友一樣跟自己說話。
- 從經驗中找到人生教訓，把焦點放在**大局**和成長的機會。你可以寫下一些方法，積極地重新詮釋自己的經歷，但不否認你承受過的痛苦。
- 採取**釋放**壓力的行動。你可以列出一些能立刻做的體能活動，幫助自己抒解痛苦的情緒和有害的壓力。
- 你可以隨時**求援**。現在，你需要聽到什麼樣的指引和安慰話？

- 今天挑選一兩項活動，**滋養**自己，不受干擾。你會如何消除環境中的干擾呢？
- 你現在可以去哪裡享有一段休息**時間**，創造獨處的空間？

CHAPTER 7

庇護與康復

屬於高敏感人的療法

想順利從惡毒者造成的創傷中復原，需要多種身心療法幫助你專注於現在。我這輩子運用過許多技巧，如今成為更專注於當下且踏實的人，能從容地應對惡毒者。我也研究過幾百名讀者嘗試過的有效療法，並整理、收錄在這一章中。

高敏感人可以從各式各樣的傳統療法和另類療法中受益，以便在需要時好好管理情緒、應對危機，處理依舊產生影響的舊有創傷。我接下來會探討一些選項的成效和好處，以及如何進一步了解細節。請記得，沒有「放諸四海皆準」的解決方案，請務必諮詢心理師，以便他更準確評估哪些療法最適合你。

傳統療法

認知行為療法

認知行為療法（ＣＢＴ）是一種心理治療，能幫助你改變難以承受的情緒、行為及想法。這種療法是由亞倫・貝克於一九六〇年代開發，有研究指出，ＣＢＴ對憂鬱症、焦慮症、創傷後壓力症候群、人際關係等問題都很有效，而這些問題都是高敏感人可能面臨的挑戰。CBT的策略包括識別認知扭曲、為預期的衝突做角色扮演的準備、面對恐懼、學習在有壓力的時候保持鎮定、善用解決問題的技巧和面臨困境的應對策略。

對高敏感人而言，像CBT之類的療法有助於辨別認知扭曲、有害的自動化思維[7]，以及與親密、自尊、安全、信任、權力、控制等方面有關的行為模式，而這些行為模式都出自人際關係的創傷。高敏感人的想法和信念經常導致自我毀滅的行為，還會掩飾真實的情緒，比如不適當的內疚感或羞愧感，進一步加劇創傷後的症狀。透過認知重建，他們能夠質疑且扭轉錯誤的想法。如此一來，他們能逐漸根據與自己、別人及世界有關的更健康、更平衡的信念來採取行動。

其他運用CBT要素的治療類型，包括認知加工療法（CPT，針對創傷後壓力症候群患者的實證療法，能幫助他們辨識和克服關於創傷的不當想法，解決引起逃避行為的癥結）、長期暴露療法（PET，有助於創傷後壓力症候群患者逐漸降低對於與創傷有關的回憶、感受及情境的敏感度）。

7 在人沒有意識到的情況下出現的思考模式，能影響人的情緒和行為。

關於ＣＢＴ的詳細資訊，請造訪網站https://beckinstitute.org。關於ＣＰＴ和ＰＥＴ的詳細資訊，請造訪網站https://cptforptsd.com和https://www.apa.org /ptsd-guideline/treatments。

辯證行為療法

辯證行為療法（ＤＢＴ）結合了正念技巧和認知行為療法，旨在幫助飽受極端情緒、自殘、有自殺念頭之苦的人。傳統上，ＤＢＴ是用來治療邊緣型人格障礙患者，但創傷心理師施瓦茨（Arielle Schwartz）指出，許多患有「複雜性創傷後壓力症候群」的受害者容易被誤診為邊緣型人格障礙患者。無論如何，ＤＢＴ的技能適用於任何人。

這種療法能幫助患者調節和處理自己的情緒，改善人際關係的技巧，並在危機中保持心境平靜。ＤＢＴ團體治療讓患者能夠練習學到的技巧，也能學到與棘手人物互動的應對與溝通策略。

美國最大心理健康網站Psych Central的執行長格羅爾博士（John M. Grohol）表示：「ＤＢＴ理論指出，有些人在這種情況下的刺激反應比一般人更快升高，會達到更高的情緒刺激程度，並需要相當長的時間才能恢復到反應程度的基準。」

高敏感人的刺激反應程度很高，也有高度的情感回應能力，因此他們能從DBT受益。由於他們的情緒很容易受到環境和社交情況的影響，因此可以運用與痛苦耐受和調節情緒有關的技巧，在高衝突情況中保持冷靜，並有效設定界限。如果你有自殘、自殺念頭、反覆出現自殺企圖、極端情緒、無法控制情緒等問題，應該考慮找諮商心理師討論是否採用DBT。

眼動減敏與歷程更新療法

在進行「眼動減敏與歷程更新療法」（EMDR）的時候，會請患者一邊回想創傷事件，一邊左右移動眼球或輕拍左右手。此療法是由心理學家夏琵珞（Francine Shapiro）所發明，她注意到，眼球移動能減輕創傷回憶所帶來的強烈影響。EMDR的基礎是「適應性訊息處理」（Adaptive Information Processing）理論，此理論假設令人苦惱的創傷（包括童年逆境經驗或有毒的人際關係）以失衡的方式儲存於記憶中，可能形成思想、行為及情緒適應不良的模式。創傷經驗會阻礙正常的資訊處理機制，進而影響當事人的自我修復和解決問題能力。

眼球移動、輕拍兩手等交替的雙側刺激，讓資訊處理得以自由進行，並讓患者在安全的空間中積極地重新體驗創傷，使不幸的回憶逐漸失去負面的影響力。EMDR包含了八個治療步驟，其中一個步驟是幫助患者辨別創傷形成的負面自我信念和世界觀（例如「我不討喜」或「世界不安全」），找出這些想法儲存在身體的那些部位，才會造成緊繃。患者接著開始接受更健康的信念，用來取代負面的聯想，然後以正向有益的方式再次處理創傷。

許多以創傷受害者為研究對象的臨床試驗都指出，EMDR對他們很有效。有童年逆境經驗的高敏感人找EMDR心理師共同處理童年創傷時，更是受益匪淺，可大量減輕心理負擔、情緒的強烈程度、以及對日常生活的影響。

情緒釋放技巧

情緒釋放技巧（Emotional Freedom Techniques，EFT）是由克雷格（Gary Craig）創造的療法，概念類似針灸，透過敲打刺激身上的「經絡穴道」，釋放困在全身的負面情緒能量。這種方法能消除有害的感受和想法，同時以更健康的正向信念取而代之。

ＥＦＴ有助於重新調整患者的思維和感受。患者的不同情緒會在身體的特定部位駐留，ＥＦＴ可以讓生物電磁能量更自由地在體內流動，使它們能夠突破能量障礙，同時搭配正向肯定的話語，一方面認可先前負面情緒所肩負的保護機制，同時讓患者覺得自己有能力排解負面情緒。

催眠療法

催眠療法是運用催眠狀態，幫助患者改變行為和情緒。高敏感人可以運用此療法，使受到過度刺激的神經系統冷靜下來，重塑有害的信念系統、條件反射、記憶以及他們沒有意識到的創傷。催眠是透過改變意識狀態（類似出神），使患者更容易接受建議，因此能更輕易地重新調整潛意識。催眠也有助於治療恐懼症、成癮問題、慢性疼痛，以及與創傷後壓力症候群有關的創傷記憶。請尋找合格的催眠心理師為你進行治療。

團體治療

團體治療是由心理健康專家主導，讓你在這個安全的空間談論自己的困擾、恐懼及創傷，同時見證其他人做同樣的事。研究指出，社群支持是創傷後邁向康復的重要因素之一。你可以先研究一些探討家暴、創傷或其他領域的團體，比如說CBT和DBT的團體治療小組，它們是讓你練習新技巧的絕佳場所。與其他人一起表達內心的感受，能讓你獲得有害關係中所欠缺的認同和支持，進而透過有益的人際關係療癒創傷。團體治療也能督促你持續獲得進展和自我照顧。

互助團體

如果你受困於失序且受虐的關係中，也不擅長與別人設立界限，有些互助團體能理解你的處境，支持你走上復原之路。許多受虐倖存者會參加匿名自助團體的聚會、當地的自戀型虐待倖存者互助小組，或者戒癮十二步驟計畫（能幫助你「戒掉」自戀型伴侶），並且獲益良多。你可以搜尋關鍵字「高敏感人」或「共感人」，尋找那些與你一樣具備高敏感度的人所組成的互助團體。

非傳統的輔助療法

瑜伽

研究指出，對罹患創傷後壓力症候群的人而言，瑜伽是頗有成效的輔助療法。瑜伽能幫助倖存者減輕解離症狀，控制情緒失調，緩解全身的緊繃感，還能強化正念，使他們體驗到安全感以及對身體的掌控感，在他們重新經歷創傷時，提供有效詮釋極端生理狀態的資源。瑜伽對遭遇過身體虐待和性虐待的倖存者特別有幫助，也對想擺脫恐懼症的人深具療癒力。

我很喜歡做哈達瑜伽和熱動瑜伽。如果你是初學者，我建議你先上入門課程，然後才上更進階的課程。如果你有身體受傷的問題，可以考慮做修復瑜伽。

冥想

創傷經歷會阻斷大腦的情感部位與額葉（控制執行功能以及組織、計畫、思考和做出決策的能力）之間的交流，使海馬迴萎縮，並且讓杏仁核過度活躍，而這些大腦部位都會影響到情緒、記憶力及學習。幸好，曾受到創傷影響的大腦部位可經由冥想重新調整。哈佛大學的神經科學家拉扎爾（Sara Lazar）等人進行的研究指出，長達八周的冥想練習能改變大腦，使掌管戰鬥或逃跑反應的杏仁核不那麼活躍，同時增大海馬迴，有助於情緒調節和強化記憶力。無論你的年紀多大，冥想不只可以強化大腦的聽覺和感官部位，還能增加額葉的灰質。

每天進行四十分鐘的冥想練習，可以改變你處理情緒、人際關係及整體幸福感的方式。冥想是免費的，可以隨時隨地進行。與普遍看法相反的是，冥想不需要中斷思緒，你可以觀察自己的思想，讓思緒來來去去。你只需要找一個可以安靜坐下來沉思的地方，專注於自己的呼吸。

你可以搜尋居住區域附近的冥想中心，我也提供自己追蹤的Podcast和YouTube頻道，其中有些是冥想頻道，有些是專門探討如何治療自戀型虐待。如果你找不到連結，不妨在Google或YouTube搜尋標題。

- 瑪麗與理查．麥達克斯的《冥想綠洲》（*Meditation Oasis*）：這是我最喜歡的冥想網站，幫助我展開了冥想旅程，不管是初學者或專家達人都適用。網址是https://www.meditationoasis.com。

- 澳洲冥想協會：從網站https://download.meditation.org.au可以下載免費的冥想MP3。
- YouTube頻道：

※《露西崛起》（*Lucy Rising*）：為遭受過自戀型虐待的倖存者提供冥想資源。

※《黃磚音樂》（*Yellow Brick Cinema*）：有許多適合冥想的放鬆音樂。

※約瑟．克勞（*Joseph Clough*）：國際講師兼催眠心理師。他能幫助你進行自我催眠的冥想和肯定自我，協助你重新訓練潛意識，進入更積極的狀態。

※麥克．西利（*Michael Sealey*）：人氣很高的YouTube網紅，能幫助你進行有效的睡眠冥想和舒緩焦慮的自我催眠。

大自然

雖然惡毒者會提高你的皮質醇（壓力荷爾蒙），但幸好有一種方法能抵消這種負面影響。研究證實大自然能降低皮質醇，緩解壓力，提升專注力，改善心情。光是在溫暖的季節裡，赤著腳在大自然中走走，就能改善整體的健康和睡眠品質，同時減輕痛苦和壓力。有一種說法是，赤腳行走等同於直接與大地接觸，讓人可以連接到大地的電子。你也可以藉由進行園藝活動達成相同的目的，園藝是具有療效且能提升專注力的活動，讓你能夠觀察到內心期盼的成長從外在顯現。

接觸大自然對你有好處，你可以嘗試以下活動：每天安排早晨或下午散步、到風景優美的自然景點旅行、沿著河流散步、到海邊走走、健行、在公園或樹林裡慢跑、在戶外吃午餐或野餐。冬季或氣候不佳時，接觸大自然的替代方案則有：去露營和生火、坐在室內壁爐附近、拉開窗簾，讓陽光照進來、聆聽雨聲、聽有雨聲、瀑布聲或海浪聲的冥想音樂。

按摩療法

研究人員指出，按摩療法有助於降低皮質醇，增加血清素和多巴胺，提振情緒，還能減輕憂鬱、焦慮、煩躁及其他與創傷有關的症狀，對有迫切需求的患者更是特別有效，例如憂鬱的孕婦、罹患癌症的人、有偏頭痛的人。以此推論，按摩療法也對創傷形成的生理副作用有幫助。

你可以嘗試不同的按摩方式，例如熱石按摩、精油按摩、靈氣（Reiki）按摩等，讓按摩師傳遞療癒的能量給你。按摩不只可以緩解全身的緊繃感，還有增進心理健康的好處。但不是每個人都喜歡被陌生人觸摸，即便是有專業能力的陌生人也一樣。當你嘗試不同的療法時，一定要考慮到自己的舒適度和情緒反應，某個高敏感人覺得有效的方法，不一定適用於另一個高敏感人。

寫日記和寫作

創傷會使人喪失表達能力，因為大腦中負責溝通和表達的「布羅卡區」（Broca's area）失去功能，精神創傷因而卡在大腦中的非言語部位。寫日記是一種重新開啟溝通的方法。當你針對經歷過的創傷，寫下更有連貫性的敘述時，能同時刺激左腦和右腦。研究人員發現，表達式的寫作能改善心情，並且對創傷後壓力症候群患者的成長有幫助。你可以在日記中寫下日常想法、情緒及相關的行動，然後與心理師分享內容。這樣做有助於你記錄和回顧一整天下來的情緒反應、思維模式及行為。

肯定自己

我攻讀研究所時採訪過霸凌的受害者，他們會運用正向肯定語將自己的創傷經驗轉化為成功。對那些因為與自戀狂和惡毒者往來，導致自尊心受損的高敏感人而言，運用肯定語改寫既有的負面事件能帶來很大的助益，重點在於重新調整你對自己、個人潛力及周遭環境的看法。

肯定語是幫助你打斷日常思維模式的短語，並且灌輸關於你和世界的正面訊息。研究證實，正向肯定語能提升人在有壓力的情況下解決問題的能力。「肯定自我」能在你面臨威脅時保有自我完整性，啟動「心理免疫系統」這項防禦能力。

對於有自尊心低落、創傷後壓力症候群等問題的人來說，正向肯定語應該依據他們不同的特性來設計，以免引起情緒波動。舉個例子，當你質疑自己的時候，應該告訴自己「我選擇快樂」，而不是「我很快樂」，循序漸進地接近你努力灌輸自己的新信念。

運動

有運動習慣的人比較不容易罹患焦慮症和憂鬱症。你可以用更健康的替代方案，取代你對惡毒者製造的混亂和麻煩形成生物化學的癮，滿足你的獎勵系統並降低壓力。透過運動定期釋放腦內啡，就是讓身體習慣在跑步機上流汗的「戲碼」，放下與惡毒者或霸凌者有關的腦內劇場。

我建議高敏感人制定每周或每日運動的計畫，因為運動不只是一種天然的心情調節劑，還能改善PTSD症狀，甚至能抑制因為遭到霸凌而產生的自殺念頭。運動有助於改善整體健康和應對策略，促使受創者追求全新的希望和決心，塑造正面的自我形象，並提高生活品質。

運動也是排解極端情緒的有益宣洩方式。創傷專家表示，創傷不只留存於體內，也在內心深處駐留。為了對抗創傷帶來的麻痺感，避免自己變得冷漠，你應該從事至少一種運動，抒解受虐和受創後的悲傷、憤怒及難過等強烈情緒。

我很喜歡在進行踢拳、瑜伽、跳舞、有氧運動或跑步的同時，聆聽鼓舞人心的音樂或正向肯定語。你要做自己熱愛的事，別強迫自己做不喜歡或太累的運動。即使是每天在大自然中散步十分鐘，也比久坐不動更有幫助。你應該盡力而為，別過度操勞。把運動當成抒壓管道和照顧自己的行為，就能避開自我毀滅或負面的自我對話。

大笑療法

醫學研究員伯克（Lee Berk）於一九八九年提到，悲傷會引起皮質醇等壓力荷爾蒙的分泌，進而抑制免疫系統。但大笑能降低壓力荷爾蒙，促進多巴胺等愉悅神經化學物質的分泌，減輕疼痛，提升整體的幸福感，有諸多健康益處。高敏感人應該善用大笑的療癒效果，例如，大笑瑜伽（laughter yoga）就是運用自發性的大笑，讓身體減壓放鬆。每天花點時間讓自己笑一笑吧，可以觀看Netflix的脫口秀，瀏覽Instagram的搞笑圖片和影片，參加即興表演，回想滑稽可笑的往事，觀看有趣的影片或電影，閱讀讓你發笑的書籍或故事等。每個人的幽默感和喜好都不同，所以你應該積極尋找能讓自己開懷大笑的獨特素材。

芳香療法

芳香療法是一種利用香氣與精油，改善情緒和健康的另類療法。你可以選擇吸入香氣，或直接把稀釋後的精油塗抹在皮膚上。合格的按摩心理師兼顱薦椎（cranial sacral）治療師蘇珊娜・博文尼澤（Suzanne Bovenizer）指出，人類的嗅覺與大腦中的邊緣系統[8]相連，而情緒和回憶都儲存於該系統之中。香氣能刺激這個大腦部位，釋放化學物質，使你變得更平靜和放鬆。關於自戀型虐待受害者的痛苦經歷，焦慮症是重要因素之一，而芳香療法對焦慮症很有幫助。

你可以添購精油和擴香儀放在家裡，以便隨時可以進行芳香療法。你也可以尋找其他方法，比方說有些瑜伽課程結合了芳香療法的元素，許多按摩療程也會融入芳香療法。

我建議你使用精油和薰香產品，以下是適合用於芳香療法的產品：

- Artizen Top 14 混合精油組

8 包含海馬迴和杏仁核，支援情緒、行為、長期記憶等功能的大腦結構。

- URPOWER精油水氧機
- 芳療薰香棒
- 《全球暢銷百萬的芳香療法寶典》，瓦勒莉・安・沃伍德著

針灸

根據專業針灸師西本（Nicholas Sieben）的說法：「根據中醫理論，創傷會停留在人的體內，並在血液和骨骼中潛伏，進而引發各種生理和心理的症狀。若要澈底解決創傷，身體需要放鬆和排毒。」

針灸是一種古老的醫療技術，做法是在身體的特定穴位用針刺激，以達到治療各種生理和心理疾病的效果。人體中有十二條主要的能量流，以及八條稱為「經絡」的次要能量流，專業的針灸師會針對身體的特定穴位，幫助病患解決惱人的生理或心理疾病。

動物輔助療法

即使其他人否定你的高敏感天性，動物依然可以接納你、給予你無條件的

愛。曾有專家研究動物輔助療法對於童年受虐的倖存者和退伍軍人的影響，他們發現動物輔助療法對於療癒創傷很有效，能減輕憂鬱症、創傷後壓力症候群及焦慮症的症狀。這一點對接受過寵物療法的倖存者來說不足為奇，不論是與狗、馬、貓、兔子或鳥互動都有類似的效果。

研究人員表示：「動物的存在被視為令人寬慰的提醒，象徵著危險已消逝，彷彿當下即是適合體驗正念的安全基地。」創傷後壓力症候群患者經常有情感麻木的問題，但動物可以喚起正面的情緒，充當「社交引導者」，幫助他們排解寂寞和減輕孤立感。此外，接觸動物能自然增加催產素，幫助你在不跟惡毒者接觸的情況下獲得更健康的喜悅來源。

音樂療法

音樂可以調節情緒，重新連結你的真實情感，降低心率和血壓，減輕壓力，並控制焦慮的程度。音樂也可以應用於治療性的關係，幫助成癮者康復，改善思覺失調症患者的社交能力，減輕癌症治療所衍生的副作用。

請尋求有執照的音樂治療師進行專業治療。如果只是單純把音樂當成自我照顧的工具，高敏感人也有一些挑選曲目時要注意的地方，建議聆聽舒緩情緒的音樂，能使受到過度刺激的神經系統冷靜下來。高敏感人當然也可以聽充滿力量的歌曲，能讓自己活力充沛，精神抖擻，有勇氣和力量迎接挑戰。我建議你先列出讓自己感到有力量、鎮定、放鬆或充滿活力等不同情緒的歌曲清單，然後養成每天聽音樂的習慣，集中注意力，並重拾喜悅。

自我照護的 MEDICINE 技巧

身為高敏感人的你，為了在人生中持續照顧自己，可以運用MEDICINE技巧，藉此降低情緒受到的刺激程度。這套技巧包含了對高敏感人很有用的小提醒，因為高敏感人在無法控制情緒或受到有毒關係的影響下，很可能習慣長期忽視自己的健康。

- 醫療支持（Medicinal support）
- 注意飲食（Eating mindfully）
- 避開藥物（Drug avoidance）
- 思維（Intellect）

- 照料（**C**aretaking）
- 崇敬（Idolize）
- 療傷和避開刺激來源（**N**urse injuries and triggers）
- 運動（**E**xercise）

醫療支持：受到創傷影響的人往往有重大且頻繁的健康問題，需要不斷就醫，起因可能是身體面臨壓力時的反應機制長期活躍，例如他們的HPA軸[9]在戰鬥或逃跑的反應期間釋放過多的皮質醇（壓力荷爾蒙），導致免疫力降低。你應該注意任何讓自己覺得身心疲憊或痛苦的疾病或症狀。

反思紀錄：醫療清單

請先列出你需要接受照顧和治療的任何疾病或心理健康狀況，然後在每種疾

9 神經內分泌系統的重要部分，能控制心理壓力的反應，並調節許多生理活動。

病下方註明藥物，以及心理師、互助團體或醫生等你可以求助的聯絡資訊。請寫下病情惡化的因素，以及預防病情加劇的方法。這樣做有助於預先解決問題，以免你的健康狀況變得更嚴重。

注意飲食：當你的身體缺乏必要的營養素，不能維持最佳狀態時，心靈便無法擺脫惡毒者的陰影。你應該吃得更營養豐富，可以請營養師幫忙規劃適合自己的健康飲食計畫。例如，每天喝蔬果汁，增加蔬菜和水果的攝取量，不過度攝取乳製品或咖啡因，每天都喝足夠的水，讓身體保持水分充足的狀態。

反思紀錄：健康的習慣

你認為目前的飲食習慣健康嗎？希望改進哪些部分？你可以加入日常生活的健康飲食習慣是什麼？比如說：製作甜點時，以生可可粉和甜菊醣苷代替砂糖。或者是以花椰菜、不飽和脂肪、其他蔬菜等低碳水化合物的食材取代澱粉，以雞肉等優質蛋白質食物取代紅肉，並且每天早上在咖啡裡加杏仁奶，不加奶精。

避開藥物：遇到惡毒者可能會使你藉由接觸藥物、酒精、過量的咖啡因或糖，暫時讓自己感到麻木。除非是醫師主動開立的處方箋，否則你應該避開對情緒有影響的藥物。酒精和過量的咖啡因都會阻礙你擺脫難以承受的情緒狀態，甚至有可能引起更多問題。

反思紀錄：刺激性太強的藥物

你目前是否只為了接受治療而濫用藥物？你多常利用咖啡因或酒精改善心情？有哪些替代方案可以幫助你戒掉過量的咖啡因或酒精，例如：喝花草茶、酒精濃度較低的飲料、調味水，或做運動？

思維：請照顧好你的心靈，評估自己每天吸收的資訊可是跟關注攝取哪些飲食同樣重要。你每天為心靈注入哪些想法和信念呢？如果你經常灌輸負面的自我對話，不妨向諮商心理師求助，並將自己的想法寫進日誌，以便你反省和轉變思維模式。

你都允許哪些資訊占據心思呢？是否讀了會讓心理不安的書、看了恐怖片，瀏覽惡毒型前任伴侶的社群貼文或訊息？若是如此，你應該自我限制或者不再做這些事。例如，你可以封鎖前任的所有社群媒體帳號、平衡一下你觀看的影劇內容，多看喜劇片或輕鬆愉快的電影、讀一些注重解決方案，而非放大問題的書。你也可以多加接觸能改善心情的媒體，例如舒緩情緒的冥想音樂、可愛動物的影片等。

如果你一整天下來很難保持專注，不妨記錄自己的睡眠模式，以及可能干擾內心的負面思維模式。充分的休息和規律的睡眠時間都很重要，能夠讓你的大腦一整天很順利地處理各項資訊，不至於過度負荷。

反思紀錄：你注重什麼？

你追蹤了哪些社群媒體平台？這些平台有益身心健康嗎？你每天晚上都睡幾個小時？你多常感到昏昏欲睡？有哪些辦法能改善你的睡眠環境，創造出更能舒緩情緒和放鬆的地方？你可以考慮在睡前聽安神的音樂、將臥室牆壁或家具改成更柔和的顏色、用點蠟燭代替刺眼的燈光，緩解眼睛疲勞、使用記憶泡棉枕。

照料：每天都要關心自己的狀態。確保你的需求得到滿足是很重要的事，尤其是在你與惡毒者分手之後。畢竟，此時的你正從照顧惡毒者的角色轉變為自己的照顧者兼知己。你對待自己的方式，就要像是細心體貼的照顧者一樣。若是有需要的話，也可以請親朋好友照顧你。

反思紀錄：留意自己的需求

身為自我的照顧者，你可以關心自己：「我現在需要什麼？需要吃東西，還是睡覺？洗澡？打電話給朋友？」然後採取行動。

崇敬：許多高敏感人會崇拜別人，卻忘了尊重自己。當你把惡毒者當成偶像時，就忽略了自己的神聖特質。你應該滋養自己的心靈，做法包括鼓勵、讚美和關懷自己。請重視自己，崇敬內在的神性吧！

勵志書作家露易絲・賀提倡的「鏡子練習」是很有效的方法。你每天早上透過鏡子凝視自己的眼睛，同時讚美自己：「我愛你。我崇拜你，你很珍貴。你值得受人尊敬，你是有價值的人。」或者，如果你有信仰或相信特定的至高力量，可以對著鏡子說：「神愛我，我是神的孩子。我知道一切都會好轉，因為宇宙一定會眷顧我。」總而言之，任何正向肯定語都可以，只要符合你的需求和信念即可。對自己說一些愉快的好話，並記住：你的美好心靈超越了表象。只要你養成積極自我交流的日常習慣，就會對自尊心產生奇妙的影響。

反思紀錄：鏡子練習

看著鏡子中的自己，你能對自己說哪些肯定語呢？你很喜歡或認同自己的哪些部分？是否能針對哪些看似缺點的部分，表示接納和關懷？

療傷和避開刺激來源：你要好好照顧現有的身心傷口，直到癒合為止，並預防任何會使傷口惡化的事情。你要預先考慮到生活中可能引發負面情緒的情況，並積極防止這些情況變得更嚴重。比方說，你可以刪除喜歡發文酸人的臉友、出門的時候，避免經過前任的住處、有情緒困擾的時候，找心理師進行諮商。或者，如果你知道當天的心理壓力會特別大，為了順利展開新的一天，那麼你可以選擇搭計程車，而不是像平常一樣搭公車去上班。這些都是有效的緩解措施，讓你來得及處理自己可能被觸發負面的情緒。

反思紀錄：管理刺激的來源

請寫下十種會讓你情緒激動的起因，以及如何迴避或減輕衝擊力的方法。

運動：每天呼吸充足的新鮮空氣和運動，可以釋放腦內啡，改善心情，甚至在極大的壓力下保持情緒穩定——有這麼多的好處。因此你與惡毒者打交道時，運動是很理想的減壓方式。安排每日的運動計畫，也能幫助你面對霸凌者和剝削者時，更有自信地堅守立場。

反思紀錄：增加腦內啡

你每周運動幾次？每天運動多久？你可以每天進行至少三十分鐘的簡便運動是什麼？（例如：在附近散步、騎腳踏車、跟著網路影片學跳舞等。）你如何在室內與戶外運動之間取得平衡？

高敏感人可以嘗試的療法非常多，前面介紹的療法有很多高敏感人都認為相當有效。你的目標是找到適合自己且能滿足需求的療法。你可以試試另類療法和傳統療法，但我建議你在嘗試任何療法之前，都詢問心理師的專業意見，以免你有不良反應。重要的是請記住，在你成為掌握自主權的高敏感人的過程中，以及在你漸漸擺脫惡毒者的影響之前，都要學會好好照顧自己。

有能力處理衝突、照顧自己並有效應對惡毒者的高敏感人，能夠成為有力量的超級英雄。既然你已經明白高敏感特質如何使你變成情緒掠奪者鎖定的對象，也了解到自戀狂和惡毒者的操縱手段，以及你與他們建立的關係有成癮性質，那麼你現在可以開始留心身邊的人了。

我希望這本書不只可以幫助你了解惡毒者的心態和行為，也能提供你必要的技巧和資源，讓你更有自信地應用，欣賞自己的高敏感特質。請記住，這個世界需要高敏感人——那些能夠善用「超能力」，促進整體社會福祉的人。只不過，在你學會拯救自己和尊重自己之前，你無法拯救其他人。

致謝

從我在二〇一四年開始寫這個主題的內容以來，就很感謝親愛的讀者一直支持我。我也要謝謝許多勇敢的倖存者與我分享他們的故事。我特別感謝不辭辛勞的父母：蕾哈娜（Rehana）和穆罕默德（Mohammed）。他們為了確保子女能夠在美國實現夢想，孜孜不倦地工作。我也要謝謝姊姊塔妮雅（Tania），她不斷支持我追求當作家的夢想。另外，我想感謝許多優秀的教授和人生導師，多年來他們對我的寫作和學術發展有深遠的影響：Laura Polan、博士John Archer、博士Aaron Pallas、博士Holly Parker、博士Maureen McLane、博士Hope Leichter、博士Sarah Kleiman、博士James Uleman、博士Ellsworth Fersch、博士Elizabeth Malouf、臨床社會工作師Louise Lasson、博士Ronald Corbett以及博士Karen Adolph。在職業發展的支持方面，我要謝謝James Zika、Terry Powell和Angela Garcia。

我很感激臨床社會工作師施奈德，她協助審閱這本書，並鼓勵我。還有很多支持我的夥伴，族繁不及備載：Jackson MacKenzie、婚姻與家庭心理師Pete Walker、博士Athena Staik、博士John Grohol、博士Annie Kaszina、執業心理諮商師Monica White、Kristin Sunanta Walker、Lisa A. Romano、Kim Saeed、文學碩士Melanie Vann、執業專業諮詢師Kris Godinez以及許多內心強大的好人。我還要謝謝網路雜誌《思想目錄》（*Thought Catalog*）給我舞台，讓我的觀點和作品被幾百萬人分享。我也感謝網站Psych Central幫忙擴散我想傳達給讀者的訊息。

最後，我非常感激有才華的New Harbinger團隊和編輯，讓這本書順利出版。Jess O'Brien帶給我這個美好的機會，他的善良讓我印象深刻。Jennifer Holder努力確保我的觀點有效地傳達給讀者，Cindy Nixon出色地潤飾了這本書。我也很感謝其他為這本書付出心力的人。

國家圖書館出版品預行編目 (CIP) 資料

你的善良不該被壓榨 : 掏心掏肺，只會換來他們的狼心狗肺, 高敏人必備人際清理術 / 沙希達. 阿拉比著 ; 辛亞蓓譯 . -- 初版 . -- 臺北市 : 遠流出版事業股份有限公司 , 2024.08
面； 公分
ISBN 978-626-361-815-2(平裝)
1.CST: 人際傳播 2.CST: 自我實現 3.CST: 生活指導

177.3 113009184

你的善良不該被壓榨

掏心掏肺，只會換來他們的狼心狗肺，高敏人必備人際清理術

作者——沙希達・阿拉比
審訂——安潔雅・施奈德
譯者——辛亞蓓
總編輯——盧春旭
執行編輯——黃婉華
行銷企劃——王晴予
美術設計——王瓊瑤

發行人——王榮文
出版發行——遠流出版事業股份有限公司
地址——104005 台北市中山北路一段 11 號 13 樓
客服電話——(02)2571-0297
傳真——(02)2571-0197
郵撥——0189456-1
著作權顧問——蕭雄淋律師
ISBN ——978-626-361-815-2

2024 年 8 月 1 日 初版一刷
定價——新台幣 420 元
（缺頁或破損的書，請寄回更換）

遠流博識網
http://www.ylib.com
E-mail: ylib@ylib.com